専門基礎ライブラリー

現代マーケティング論
第2版

武井　寿・小泉秀昭・広瀬盛一・八ッ橋治郎・畠山仁友　［編著］
秋本昌士・佐藤志乃・スタニスロスキー・スミレ・高畑　泰
武谷慧悟・朴　正洙・畢　滔滔・吉見憲二・涌田龍治

実教出版

まえがき

　本書は刊行から10年を経過した実教出版株式会社専門基礎ライブラリー『現代マーケティング論』の改訂版である。この期間に大学生を中心として多くの皆様に読んでいただいたことに心より感謝したい。旧版の、「専門的内容の水準の維持・高度化を図ることと並行して、読者にとってわかりやすい内容とすることに努め、表現面での親しみやすさにも配慮をする」という方針を新版でも継承し、執筆上の努力目標とした。

　21世紀のおよそ5分の1が疾風のごとく過ぎ去ろうとしている今日、時代の変化の大きさと速度がますます増しているとの感は否めない。情報通信技術の進展によって、人々の意識は時間や空間の壁を越えてグローバルな広がりをみせており、自分に役立つ情報を積極的に検索するのみならず、それを関心がある人間で共有しようとする行動も顕著となっている。シェアリングの社会的広がりは、暮らしを便利にする商品を購買し、所有することで、幸せを実感するというこれまでの生活の価値観が曲がり角を迎えていることを示唆しているのかもしれない。日本を代表する大手製造企業が経営面で苦境に立ち、事業分野の一部を海外メーカーに売却するといったニュースに時代の変化を覚えるが、同時に、すでに国内よりも海外で売り上げ実績や店舗数が多く、伸びが著しい日本企業も少なくないことに私達は気付く必要があろう。

　大学教育も変化の渦中にある。従来の専門の枠組みを超えた新たな学部や学科がつくられ、カリキュラム改訂も進行した。またセメスター制が普及した。実は、本書の改訂の狙いのひとつは、大学における多様なセメスター制の実態にできるだけ広く対応可能なテキストを作成する必要があるという、編著者である若手教員からの提案に基づいている。それゆえ、旧版が全部で13章構成であったのに対して、新版は、標準的なマーケティング入門文献と同様に機能別の内容を軸とする一方で、それらの章をIの基礎章とIIの応用章に分離して、全体を22章で構成した。Iのみに加えて、基礎章と応用章に分けていない独立章を加えて、15回分の講義体系をつくることが可能である。また、授業中に研究報告やディスカッションを導入して、22章の

すべてを30回の講義に含めることもできよう。その他の方式も入れて、本書の活用範囲は広いと考えられるため、それぞれの授業において工夫をお願いしたいと考える(各章の関連図参照)。

さらに、各章には、読者が内容を把握したうえで、自主的に調べ、考えを深めるための「グループワークのための研究課題」を設けている。そして、独立章とⅡの応用章には、当該領域と関連の深い、やや高度な先進的研究のトピックを紹介している。読者の一層の勉強の動機付けに貢献できれば幸いである。また、各章末には参考文献を示した。文章中では、重要と考えられる語句をゴシック体で示しており、読者の自主的学習のヒントになることを意図した。本書は商学部、経営学部、経済学部などにおいて初めてマーケティングを学習しようとする学生を念頭においてまとめられているが、同時にある程度の知識や経験を有する中級者の欲求に対応できる水準を含めて構成している。

執筆者は14名であり、そのうち5名が編者を兼ねている。中堅から若手の研究者も多く、近年のマーケティングの斬新な題目を扱う章も少なくない。マーケティングは新鮮な学問であり、読者の皆様が、つねにマーケティングとは何か、どのように学ぶものであるかを意識しながら、その面白さを味わっていただくことを希望したい。

旧版で私とともに編者を務めた岡本慶一先生が2017年に他界された。先生は最期まで本書の完成に期待をかけてくださった。御冥福をお祈りしたい。また、本書は実教出版株式会社企画開発部の行本公平様の手際の良い原稿整理と作業支援によって刊行に至った。同社の皆様に執筆者を代表して御礼申し上げたい。

2018年3月　　　　　　　　　　　　　　　　　　　　　　　　武井寿

本書の使い方

本書は、テキストとして使用する30回の講義を想定して章立てがされている。「Ⅰ・Ⅱ」のような半期科目で使用する場合と、通年科目で使用する場合の実践例を示す。第1章から第10章は基礎編として前期、第11章から第22章は応用編として後期にそれぞれ講義を行うとよい。

半期科目で使用する場合は、章通りに進めれば、「マーケティング論Ⅰ」のような半期科目でも、マーケティングの基礎的な知識を得ることが十分にでき、全体像がつかめる。「マーケティング論Ⅱ」を履修しない学生には、続きを自習で読んでもらうことで、十分に知識を習得できる。

通年科目で使用する場合は、マーケティング・ミックスの構成要素の各単元で「Ⅰ・Ⅱ」に分かれている部分を連続で講義すると、基礎→応用と学びやすく深く理解することができる。ひとつの章を2回に分けている箇所もあるが、講義の進捗やより深い学びを提供するなどの狙いに応じて、章ごとの割り当て時間を変更したり、アクティブ・ラーニングとしてグループワークの研究課題に取り組んで欲しい。課題の解答例は、実教出版のウェブサイトの本書の該当ページよりダウンロードできる。

半期Ⅰ・Ⅱ

Ⅰ期
- 第1回　オリエンテーション
- 第2回　第1章
- 第3回　第2章①STP
- 第4回　第2章②マーケティング・ミックス
- 第5回　第3章①製品
- 第6回　第3章②価格
- 第7回　第4章
- 第8回　第5章
- 第9回　第6章
- 第10回　第7章
- 第11回　第8章①
- 第12回　第8章②
- 第13回　第9章
- 第14回　第10章
- 第15回　まとめ

Ⅱ期
- 第1回　オリエンテーション
- 第2回　第11章
- 第3回　第12章
- 第4回　第13章
- 第5回　第14章
- 第6回　第15章①
- 第7回　第15章②
- 第8回　第16章
- 第9回　第17章
- 第10回　第18章
- 第11回　第19章
- 第12回　第20章
- 第13回　第21章
- 第14回　第22章
- 第15回　まとめ

通年

- 第1回　オリエンテーション
- 第2回　第1章
- 第3回　第2章①STP
- 第4回　第2章②マーケティング・ミックス
- 第5回　第3章①製品
- 第6回　第3章②価格
- 第7回　第11章
- 第8回　第4章
- 第9回　第12章
- 第10回　第5章
- 第11回　第6章
- 第12回　第13章
- 第13回　第7章
- 第14回　第14章
- 第15回　中間テスト
- 第16章　第8章①
- 第17章　第8章②
- 第18章　第15章①
- 第19章　第15章②
- 第20章　第9章①
- 第21章　第9章②
- 第22章　第10章
- 第23回　第16章
- 第24回　第17章
- 第25回　第18章
- 第26回　第19章
- 第27回　第20章
- 第28回　第21章
- 第29回　第22章
- 第30回　まとめ

もくじ

第1章 現代マーケティングの課題 …………………………… 9
- 1-1 マーケティング研究の基礎 …………………………… 9
- 1-2 マーケティングの体系 ………………………………… 12

第2章 マーケティング戦略論 ………………………………… 20
- 2-1 マーケティングの考え方 ……………………………… 20
- 2-2 市場分析 ………………………………………………… 22
- 2-3 マーケティング・ミックス …………………………… 27

第3章 製品論 …………………………………………………… 32
- 3-1 製品とは何か …………………………………………… 32
- 3-2 新製品開発 ……………………………………………… 35

第4章 マーケティング・チャネル論Ⅰ ……………………… 42
- 4-1 マーケティング・チャネルの機能 …………………… 42
- 4-2 直接マーケティング・チャネル ……………………… 43
- 4-3 間接マーケティング・チャネル ……………………… 45
- 4-4 日本の大手消費財メーカーのチャネル・コントロール …… 47

第5章 ロジスティクス論 ……………………………………… 50
- 5-1 ロジスティクスの考え方 ……………………………… 50
- 5-2 ロジスティクスのマネジメント ……………………… 52
- 5-3 ロジスティクスの進展 ………………………………… 56

第6章 広告論Ⅰ ………………………………………………… 59
- 6-1 広告とは ………………………………………………… 59
- 6-2 広告コミュニケーションプラン ……………………… 62

第7章 セールス・プロモーション論Ⅰ ……………………… 68
- 7-1 セールス・プロモーションとは ……………………… 68
- 7-2 消費者向けセールス・プロモーション ……………… 72

第8章 消費者行動論Ⅰ ………………………………………… 77
- 8-1 消費者と消費者行動 …………………………………… 77
- 8-2 消費者理解の方法 ……………………………………… 78
- 8-3 消費者行動の包括的モデル …………………………… 81
- 8-4 2種類の思考様式 ……………………………………… 85

第 9 章　マーケティング・リサーチ論　87

- 9-1　マーケティング・リサーチの概要　87
- 9-2　準備段階　90
- 9-3　設計段階　91
- 9-4　実施段階　96
- 9-5　新しいマーケティング・リサーチの動向　97

第 10 章　サービス・マーケティング論Ⅰ　100

- 10-1　サービスとは何か　100
- 10-2　サービスの分類　104
- 10-3　サービスの特性　105

第 11 章　ブランド・マーケティング論　109

- 11-1　ブランドの機能　109
- 11-2　ブランドのつくり方　110
- 11-3　ブランド・リポジショニング　112

第 12 章　マーケティング・チャネル論Ⅱ　118

- 12-1　購入プロセスと所有・使用経験による市場細分化　118
- 12-2　マーケティング・チャネルの設計　120
- 12-3　マーケティング・チャネルの管理　122

第 13 章　広告論Ⅱ：効果的な広告活動と新しい広告の流れ　128

- 13-1　広告の効果測定　128
- 13-2　マス広告からトリプルメディアへ　130
- 13-3　消費者に寄り添う広告活動　132
- 13-4　IMC（統合的マーケティングコミュニケーション）　135

第 14 章　セールス・プロモーション論Ⅱ　139

- 14-1　流通業者向けプロモーション　139
- 14-2　人的販売とは　141
- 14-3　人的販売の動向とインターナル・マーケティング　143
- 14-4　オンラインとセールス・プロモーション　145

第 15 章　消費者行動論Ⅱ　148

- 15-1　消費者の情報処理過程　148
- 15-2　消費者を取りまく外的要因　155

第16章　サービス・マーケティング論Ⅱ ……………………………… 162
- 16-1　顧客満足 …………………………………………………… 162
- 16-2　サービス品質 ……………………………………………… 165
- 16-3　サービス・プロフィット・チェーン …………………… 169

第17章　インターネット・マーケティング論 ……………………… 172
- 17-1　ウェブサイトの構築と運用 ……………………………… 172
- 17-2　インターネット広告 ……………………………………… 174
- 17-3　ネットショップ …………………………………………… 178

第18章　クチコミ・マーケティング論 ……………………………… 182
- 18-1　クチコミ・マーケティングとは？ ……………………… 182
- 18-2　クチコミ・マーケティングが重要視される背景 ……… 184
- 18-3　クチコミ・マーケティングを巡る議論 ………………… 188

第19章　グローバル・マーケティング論 …………………………… 192
- 19-1　グローバル・マーケティングの概念 …………………… 192
- 19-2　グローバル・マーケティングの標準化と適応化とは … 195
- 19-3　グローバル・マーケティングの市場参入戦略 ………… 196
- 19-4　グローバル・マーケティングと文化 …………………… 198

第20章　エシカル消費論 ……………………………………………… 203
- 20-1　エシカル消費の背景 ……………………………………… 203
- 20-2　エシカル消費とは何か …………………………………… 204
- 20-3　エシカル消費の動機 ……………………………………… 205
- 20-4　エシカル消費の課題 ……………………………………… 207

第21章　スポーツ・マーケティング論Ⅰ …………………………… 213
- 21-1　スポーツ・マーケティングを学ぶ視点 ………………… 213
- 21-2　スポーツチームと市場 …………………………………… 214
- 21-3　チケット販売 ……………………………………………… 217
- 21-4　スポンサーシップ契約販売 ……………………………… 220

第22章　スポーツ・マーケティング論Ⅱ …………………………… 223
- 22-1　企業の問題；スポーツの組織における人件費 ………… 223
- 22-2　消費者の問題；熱狂的ファンと結果の不確実性仮説 … 225
- 22-3　商品の問題；アンブッシュ・マーケティング ………… 228

さくいん ……………………………………………………………………… 232

各章の関連図

```
マーケティングの概要・全体像
第 1 章　現代マーケティングの課題
第 2 章　マーケティング戦略論
```
↓
```
マーケティング・ミックス構成要素（基礎編）
第 3 章　製品論
第 4 章　マーケティング・チャネル論Ⅰ
第 5 章　ロジスティクス論
第 6 章　広告論Ⅰ
第 7 章　セールス・プロモーション論Ⅰ
第 8 章　消費者行動論Ⅰ
第 9 章　マーケティング・リサーチ論
第 10 章　サービス・マーケティング論Ⅰ
```
↓
```
マーケティング・ミックス構成要素（応用編）
第 11 章　ブランド・マーケティング論
第 12 章　マーケティング・チャネル論Ⅱ
第 13 章　広告論Ⅱ
第 14 章　セールス・プロモーション論Ⅱ
第 15 章　消費者行動論Ⅱ
第 16 章　サービス・マーケティング論Ⅱ
```
↓
```
新しいマーケティングの展開
第 17 章　インターネット・マーケティング論
第 18 章　クチコミ・マーケティング論
第 19 章　グローバル・マーケティング論
第 20 章　エシカル消費論
第 21 章　スポーツ・マーケティング論Ⅰ
第 22 章　スポーツ・マーケティング論Ⅱ
```

第1章　現代マーケティングの課題

　本章では、現代マーケティングを学ぶ際の基礎的事項について考察する。社会におけるマーケティングの活動は消費者の日常生活にとって欠かすことのできないものであり、同時に企業の経営活動の基幹的役割を占めている。私たちはまずマーケティングにおいて何を対象として研究するかについて考えていきたい。次にマーケティングの領域はどこなのか、今日のマーケティングはどのようにして成立したのかについて検討したい。そして、現代マーケティングの基盤を形づくる体系について、1950年代から今日までの学説のポイントを整理することによって明らかにする。それらの学習を通じて戦略としてのマーケティングの本質、マーケティング管理の内容、製品（ブランド）管理の意義、経営戦略との関係、近年の動向などを理解する。

1-1　マーケティング研究の基礎

1-1-1　学習の対象

　マーケティングという言葉はこれまで理論として、戦略として、あるいは学問の分野を意味するものとしても使われてきた。それが商品やサービスの流通や販売に関連した社会的現象を対象としており、企業や消費者にかかわるものであることは今日では多くの人々の共通的理解となっているといえよう。日々の消費生活のなかで私たちは企業によるマーケティング活動に接している。消費者としての商品やサービスの購買と使用は「個人消費」として把握され、その水準は国の経済活動を大きく左右する要因のひとつである。また、**製造企業（メーカー）**のマーケティング部門のみならず、**卸売りや小売りの企業**、**広告会社**、**メディア企業**、あるいは**調査会社**などには、マーケティングに関連したさまざまな仕事を行う人達が働いている。

　それでは私たちはマーケティングを学ぶことでどのような知識を得るので

あろうか。これは多くのマーケティング研究者にとっての今日までの基本的問いかけであった。商品やサービスの流通に影響を及ぼす条件や法則を知ることをあげた学者もいれば、取引の構造や特性等を研究することとした学者もいた。そのなかでマーケティングの主題を「交換（exchange）」として論じたものがバゴッジ（R. P. Bagozzi）の所説であった（Bagozzi［1974, 1975］）。彼はマーケティングを「交換関係を創造し、解消する過程」と定義したが、ここにはコトラー（P. Kotler）らがおもに1970年代以降に主張してきたソーシャル・マーケティング（social marketing）の影響がみられ、「交換」という概念に、市場取引に限定することなく当事者間の価値（value）を含める特色があった。

　交換の実態を分析するためには目に見える現象の背後にあるなぜを問う必要がある。バゴッジは、交換は、関与する者たちの経験や感情などがつくる社会的および心理的意味によって内容が変化するとして、マーケティング交換は、最小の費用で最大の効果をめざす**経済原則**に従う合理的動機だけではなく、心理的、社会的、あるいは文化的意味を求める人間の**象徴的動機**で成り立つことを明らかにした。

　「象徴」を求める人間行動の事例をあげれば、ツアーとしてパッケージ化された海外旅行に申し込むことは「安心」という心理的要素を購買しているといえ、またジーンズの購入は「若さ」を買っていると解釈できる。また高級ブランドの購買は品質に対する期待とともに、所有による満足や名声を求めていると考えることができる。高級車などに使用される「ステイタス・シンボル（status symbol）」という概念はこれを物語るものである。**プロダクト・アイデア**に始まり、市場における商品化のための**コンセプトづくり**、そしてそのコミュニケーションのための**メッセージ化**というビジネスにおける一連の作業は、以上のような象徴的意味を情報の組み合わせによって創造するプロセスに他ならない。消費者はメッセージを解釈し、商品を使用して**便益**や**効用**を享受している。

1-1-2 領域と歴史

　次にマーケティングの領域について説明したい。これに関する研究ではハ

ント（S. D. Hunt）のものが最もよく知られているので、それに基づき分類を示すことにする（Hunt［1976］）。

　ハントは次のような基準に基づき8つの領域に分類した。①営利セクター（profit sector）と非営利セクター（nonprofit sector）、②ミクロ（micro）とマクロ（macro）、③実証的（positive）と規範的（normative）。まず、**営利セクター**は、その目的が利益の実現を含むような組織の研究と活動を対象とする。マーケティングでこれまで最も多くとりあげてきた「企業」の観点はここに属する。これに対して、**非営利セクター**は、営利を否定するというニュアンスではなく、むしろ利益の実現を必ずしも一義的目的としないような組織の研究と活動を対象としている。たとえば病院、学校、図書館、警察などである。次に、**ミクロ**と**マクロ**というのは集計水準に基づく区分である。前者は個別単位を意味し、通常は個別組織（企業）のマーケティング活動を指すといえる。企業はどのように製品、価格、広告、販売ルート等を決定しているのかを知ろうとする研究である。一方、後者はより高い集計水準を意味し、マーケティング・システムの総体を示唆している。国民経済に占める流通コストといったテーマはここに含まれる。また、マーケティングと経済発展、比較マーケティング等のテーマも含まれる。**実証的**か**規範的**かという分類は分析の焦点の差異を表す。ハントの分類は私たちが興味を感ずるマーケティングのテーマがどこに位置付けられるのか、関連的テーマは何か、どのような研究方法を用いればよいかを知るうえで有益である。

　今日の「マーケティング」文献は営利セクターのミクロ視点のものが多く、私たちは企業による（最終）消費者に向けた活動をイメージしながら読むと内容を理解しやすい。これは、**マーケティング・マネジメント（管理）**の体系としてアメリカで研究が重ねられてきた歴史を有する。またわが国には**商業学**の系譜があり、今日でもその関連科目のなかでマーケティングが論じられることも少なくない。

1-2 マーケティングの体系

1-2-1 市場の分析

　私たちは営利セクターでのミクロ視点のマーケティング活動を中心としてその体系を説明していきたい。このようなマーケティングは本質において市場（消費者）に向けての秩序立った一連の活動であって、出発点は**市場の反応**を考えることにある。つまり、対象となる市場を構成する消費者がどのような特質をもつかを知り、企業のどのような働きかけに対して、いかに反応するかを分析するのである。そして、消費者の反応の段階に注目しながら、どのような特性を備えた人々が最も高い反応を示すのか、また、どのような働きかけの組み合わせに対して反応するかを知ろうとする。これらは、**マーケット・セグメンテーション（市場細分化）戦略**と**マーケティング・ミックス（marketing mix）戦略**の基本の考え方である。つまり、生産された製品のたんなる売り込みではなく、消費者（顧客）を中心として、その反応をベースとした市場戦略の体系化を図るものがマーケティングであり、それは、製品やブランドを軸に、ヒト、モノ、カネ、情報という経営資源を組み合わせ、**売上高**、**利益**、さらには**マーケット・シェア（市場占有率）**の目標の達成に向かう行為体系に他ならない。マーケティング・マネジメントとはそのための諸活動を**マーケティング・マネジャー（管理者）**の指揮のもとに全体としてどのように管理するかを考え、実行することであって、具体的にはマーケティング計画の立案、それらの実施、組織づくり、計画と実績の比較、改善案の検討などを含む。

　マーケット・セグメンテーションは市場の分析に「質」の視点を導入した概念である。風船でも**弾力性**の違いによって空気を吹きこんで大きく膨らむものもあれば、そうでないものもある。同様にマーケティング・インプットに対して敏感に反応する消費者とそれ以外の消費者がいる。それゆえ自社製品に好意をもってくれそうな人や、購買の可能性が高い消費者を選び出して集中的に**マーケティング資源**を投入していくことが効率性の点では有利である。個別的には**異質性**が顕著であっても、実際には何らかの基準で**同質性**の

高い消費者の集団を抽出できる。自社のマーケティングで対象とする消費者の**標的（ターゲット）**を選び出すことを目標に市場を区分していく作業をマーケット・セグメンテーションとよんでいる。**セグメンテーションの基準（変数）**にはさまざまなものがあるが、代表的なものは次の通りである。①デモグラフィック（人口統計的）変数、②サイコグラフィック変数、③地理的変数、④行動変数。**デモグラフィック（demographic）変数**には年齢、性別、所得、職業などが含まれ、大部分は数値として客観的に計れるものである。

サイコグラフィック（psychographic）変数にはライフスタイルやパーソナリティなどの社会学や心理学で使用される概念が応用される。**地理的（geographic）変数**は国内を地方ごとに分けるといったものである。また**行動（behavioral）変数**はベネフィット、使用率、ロイヤルティなどを含む。ベネフィットに関しては練り歯みがきを事例とした古典的研究があるが、人間がなぜ歯をみがくのかを社交や病気予防などの視点で解説するものとして興味深い（Haley［1968］）。また、使用率では**ヘビーユーザー**の重要性が 80 対 20 の法則を使って説明される。最近は、セグメンテーションと、それに続く標的選定としてのターゲティング（targeting）、さらに競合のなかでの位置づけを意味するポジショニング（positioning）を加えて、それらの頭文字をとった STP という表現も多く用いられる。

1-2-2 市場への働きかけ

マーケティングの歴史を振り返ると戦後の研究の革新は 1950 年代に生まれたといえる。それらは今日のマーケティングに対しても少なからぬ影響を及ぼしている。**心理学の概念と方法**のマーケティングへの導入はその代表例である。技術的には、深層面接法、投影法、モチベーション・リサーチ等の応用が試みられた。当時からマーケティング研究者たちは、消費者の言動の背後には深層にかくれた動機があり、これが購買決定と密接に結びついていること、またこうした動機を知るためには間接的接近方法に依拠しなければならないことに気付いていたといえよう。そして、**消費者の態度（attitude）**や**ブランド・イメージ**等の研究課題に注目が集まるとともに、消費者行動の「いかに」と「なぜ」を知ろうとする動きが強まり、「刺激（S）―反応（R）」

の理論モデルが中心的枠組みとなった。

　こうした時期を経てマーケティング・マネジメントの整備が60年代から70年代の初頭にかけて進んだ。**市場志向**や**マーケティング・コンセプト**などの言葉が理論や実務において使用されたのは60年代以降であった。これらの意味するところは、品質のすぐれた製品をつくり、それを販売することのみではなく、まず市場（消費者）の**ニーズ**に目を向けよということであったが、それは生産活動の活発化による供給体制の整備と、競争の激化という環境への企業の現実的対応であった。マーケティング・コンセプトはこうした転換の象徴的あるいは理念的意味合いで使用された。そのポイントは次の3点であった。①顧客志向、②利益志向、③統合的活動。つまり、需要側に目を向け、企業の諸部門との連係を維持することによって「売れるものをつくる」体制を構築し、利益を改善することの必要性を意味していた。

　当時の研究者としてはハワード（J. A. Howard）やマッカーシー（E. J. McCarthy）らの名前をあげることができる。ハワードはマーケティング・マネジャーによってコントロールできる戦略的手段とそれ以外の環境（制約）要因を識別することの重要性を指摘し、マネジメント（管理）の対象を明らかにした。彼の示した**コントロール可能要因**とは次のものであった。①製品、②マーケティング・チャネル、③価格、④広告、⑤人的販売。一方、**環境要因**は次の6つであった。①需要、②競争、③非マーケティング・コスト、④流通構造、⑤公共政策、⑥企業組織。また、マッカーシーは前者の要因としてProduct、Place、Promotion、Priceの**4P**を指摘し、後者の要因として文化、社会環境、企業の資源と目的、競争環境、経済環境、政治・法律的環境を示した。Placeはミクロ視点での流通と解釈される（武井［1988］）。「4P」は覚えやすいこともあってマーケティングの代名詞として広く普及した。そしてマーケティング・マネジャーが操作対象とする要因の組み合わせをマーケティング・ミックスとよんだ。

　すなわち、市場戦略としてのマーケティングは次のように整理される。企業が購買の発生を目的として働きかける「市場」は「消費者」の集まりであって、消費者が市場に入ってくるのは、そこにニーズや欲求を満たす能力をもつ「製品（商品）」が存在するからである。市場に対する働きかけは

「マーケティング・ミックス」によってなされる。その効果は、商品のタイプ、消費者の特性などに加えて、競争や経済環境などの「外的環境」によっても影響される。私たちが忘れてはならないのは、マーケティング・マネジメントは当初はひとつの製品やブランドを管理するための体系、すなわち**プロダクト（ブランド）・マネジメント**を基本としていたことである。

1-2-3 製品管理と戦略概念

マーケティング組織の発達を歴史的にみれば、経営の重点が生産から販売へ、そしてマーケティングへと移行するにつれて、マーケティングの範囲が拡張し、それらを統轄するためにマーケティング管理者の職位がおかれた。統合された機能のおもなものは**人的販売**、**広告**、**マーケティング・リサーチ**、**販売促進**、**物的流通**、**製品開発**であった。それらを販売を中心とした**ライン（オペレーション）活動**と調査などの**スタッフ（サービス）活動**に分類することができた。

マーケティングにおける製品（ブランド）管理組織の典型は**プロダクト（ブランド）・マネジャー制**であり、アメリカの消費財メーカーの多数が用いてきた。これはアメリカのプロクター＆ギャンブル社が考案したシステムといわれる。企業規模が拡大し、複数の製品やブランドを生産し販売するようになると、機能別組織の下では担当者の管理と調整に関する負担が増すため、個別の製品やブランドごとに担当者をおき、製品の企画から廃棄までを一貫して扱わせる組織がつくられた。担当者の役割は**製品ライフサイクル**（Product Life Cycle）の管理であった。また担当マネジャーを支えるための社内組織や広告会社との連携が存在した。

1970年代の後半においてプロダクト・マネジメントを中核としたマーケティング・マネジメントの体系は変化をみせた。それは次のような経営環境の変化のためであった。新しいライフスタイル、製品の成熟化、激しい競争、ハイテク技術革新、コンシューマリズム、エコロジー意識。すなわち企業は製品（ブランド）レベルよりも高い次元で、長期的視点に立った社会的対応をする必要性に迫られたといえる。これは企業に戦略的経営の意義を認識させ、マーケティング計画の戦略計画への統合を促したと考えることができる。

その結果、**戦略市場計画**（strategic market planning）とよばれる新たな枠組みが提唱された。これを支えたもののひとつはゼネラル・エレクトリック社の内部プロジェクトが拡大したPIMS（Profit Impact of Market Strategies）であった。それによりマーケット・シェアの利益への貢献の高さや研究開発活動の原動力が明らかになった。また市場での製品の相対的地位を知り、戦略パターンを理解するための**製品ポートフォリオ分析**が発達した。さらに**企業ドメイン（事業領域）**を"who""what""how"によって明示するためのクリエイティブな方法や、**ビジネスユニット**を主軸とした新しい組織づくりが提案された結果、内外の企業で組織革新が進展した。

1-2-4 エコロジーとリレーションシップ

マーケティングの体系に変革をもたらしたその他の要因が「エコロジー（ecology）」と「関係性（relationship）」であった。今日のエコロジー課題のルーツは60年代後半から70年代にあった。それは企業の社会的責任を問い直す動きや、オイルショックとよばれた世界的な資源問題と重なり合うものであった。マーケティングを経営の基幹活動と位置づけた**マネジリアル・マーケティング**（managerial marketing）では消費者ニーズを満たすような製品やサービスの提供が至上命題であったが、公害や資源保全の問題は社会性をより強く意識したマーケティングの枠組みを要請した。「売れるか」だけではなく製品のプラス面とマイナス面を開発や販売に先立ち総合的に評価することの必要性が提唱され、社会の**ウェルフェア**（welfare）や**生活の質**（quality of life）などの課題が論議された。その結果、企業は社会を構成する市民のひとりであるというコーポレート・シティズンシップの概念が支持を受けた。これらを**ソーシャル（ソサエタル）・マーケティング**の発達とよんだが、具体的には製品の安全性、適切な包装、広告情報の充実、リサイクルの整備などの課題が指摘された。その後、ソーシャル・マーケティングという名称はサービスのマーケティング、とりわけ非営利的な社会サービスのマーケティングを意味するものとしても使われ、浸透した。また、環境に配慮したマーケティングを強調するために**グリーン・マーケティング**というよび名が使われることもある。また、エコロジーや企業の社会性などの課題はグロー

バルな広がりをともなって認識されるようになり、**CSR**（Corporate Social Responsibility）という概念が普及している。商品の購買と使用に関係した事項には、**3R の推進**、**家電リサイクル**、**グリーン税制**、**ISO 認証**がある。

一方、関係性は企業が顧客との長期的関係を維持し、発展させるための行動を意味しており、**リレーションシップ・マーケティング**（relationship marketing）という概念が 80 代以降に用いられてきた。これはもともとビジネス財の販売に適合した概念であったが、今日では消費財やサービスのマーケティングでも使われる。それは次のような理論的あるいは現実的要請の結果であった。第 1 は、企業が消費者に働きかけて価値のあるものを提供するという関係に止まらず、双方の**インタラクション**のプロセスのなかで価値を共有し、満足を高めるという方法論が豊かな社会において共感を得たことである。第 2 は関係性を測定し、維持するための **IT** や**カード**の普及などの技術を指摘できる。第 3 は新規顧客を開拓するよりも既存の顧客関係を掘り下げ、強化を図る方が効率的であるとの判断もある。

研究のフロンティア

認知科学の発展と応用

刺激と反応の関係を応用した消費者行動の考え方において、理論的にも実務的にも最大の関心は行動の変化にあった。たとえば広告費と売上高の関係を量的に把握し、検討することが行われた。しかしこうしたアプローチだけではなく、消費者の**知識状態**の変化の過程を焦点とした**情報処理**への注目が顕著となった。そして**記憶**（memory）の構造や働きについても多くのことがわかるようになってきた。こうした方法を**認知科学**（cognitive science）の立場からの研究とよぶ。

認知科学とは一口でいえば「**知識**（knowledge）」の研究を行う学問であり、知識とは何か、知識はどのように表現されるか、また知識はどのような形に変換されて伝えられるかなどに関心を向ける。情報処理はたんなる言葉のおき換えではなく、**構造**や**文脈**、さらには人間の**世界観**を構成するカテゴリーや概念と関連するプロセスである。したがって、認知は外界の模写というよりも、外界と、人間が貯蔵した既有知識との相互作用によって積極的に構築されるものである（大山・東 [1984]）。

認知科学に依拠したアプローチは、こうした点において「文化」や「意味」などと関係することとなり、従来の消費者行動の研究に一層の深みを与えた。さらに近年では、**ニューロサイエンス（神経科学）**の成果を導入した研究が行われ、**脳科学**とマーケティングの関係が人々の関心を集めている。具体的トピックとしては、消費者の意識や無意識と購買の関係、五感の働きなどがある。

グループワークのための研究課題

1. AMA（アメリカ・マーケティング協会）のマーケティングの定義の変遷を調べてそれらの特色を整理してみよう。
2. 歯みがき市場の現状について、どのような人が、どんな効用を求めているかについて、具体的な商品で考察してみよう。

参考文献

Alderson,W., "Psychology for Marketing and Economics," *Journal of Marketing*, October 1952, pp. 119-135

Bagozzi, R. P., "Marketing as an Organized Behavioral System of Exchange," *Journal of Marketing*, October 1974, pp. 77-81

―――, "Marketing as Exchange," *Journal of Marketing*, October 1975, pp. 32-39

Haley, R. I., "Benefit Segmentation," *Journal of Marketing*, July1968, pp. 30-35

Hunt, S. D., "The Nature and Scope of Marketing," *Journal of Marketing*, July 1976, pp. 17-28

池尾恭一・青木幸弘・南知惠子・井上哲浩『マーケティング』有斐閣、2010年

石井淳蔵・栗木契・嶋口充輝・余田拓郎『ゼミナール マーケティング入門（第2版）』日本経済新聞出版社、2013年

Levy, S. J., "Symbols for Sale," *Harvard Business Review*, July-August 1959, pp. 117-124

西尾チヅル『エコロジカル・マーケティングの構図』有斐閣、1999年

大山正・東洋編『認知心理学講座第1巻　認知と心理学』東京大学出版会、1984年

Schmitt B. H., *Experiential Marketing*, The Free Press, 1999（嶋村和恵・広瀬盛一訳『経験価値マーケティング』ダイヤモンド社、2000 年）
下條信輔『サブリミナル・インパクト』筑摩書房、2008 年
武井寿『現代マーケティング・コミュニケーション』白桃書房、1988 年
──────『意味解釈のマーケティング』白桃書房、2015 年

第2章　マーケティング戦略論

　本章では、マーケティングを実行したり分析したりする基本的な考え方の枠組みについて学ぶ。マーケティングは「売れる仕組み」をつくることだといわれる。以前は、良い製品をつくれば売れていたが、技術が進化し、競争がグローバル化するなかで、製品を売れるようにするマーケティングの知識は今後必須になるだろう。そのためにまずはマーケティングのコンセプトがどのように変遷してきたのかを説明する。

　マーケティング（marketing）は市場（market）を対象とした活動でありながら、市場における活動であるため、自社がマーケティングを実行する市場を分析することは必要不可欠である。

　市場分析の後、マーケティングを実行するために4Pを検討する。4Pは相互にバランスをとりながら一貫性を保つ必要がある。4Pの組み合わせであるマーケティング・ミックスのバランスが崩れるとマーケティングは失敗に終わる。

　そのため、市場分析からマーケティング・ミックスへの流れと具体的な内容を理解することが本章の目的である。

2-1　マーケティングの考え方

2-1-1　マーケティングとは

　マーケティングは「売れる仕組みをつくること」だといわれる。ここで重要なのは、「売れる」であり、決して「売る」ではない点である。現代において、供給が需要を上回ることはつねであり、企業は生産した製品やサービスを消費者に買ってもらう努力が必要になる。しかし、それが「押し売り」であってはならない。不必要な製品を買わされた消費者は、繰り返し買うことはないし、企業や製品についての悪い情報を流すことがあるかもしれない。そのため、製品やサービスの魅力を高め、「売れる」つまり消費者が「買い

たい」と思うような状態をつくることが必要とされる。

2-1-2 マーケティング・コンセプトの変遷

　マーケティングが誕生したのは1900年頃のアメリカである。マーケティングの萌芽から現代まで、「マーケティング」といってもその中身は時代を経て、移り変わっている。

　マーケティングのコンセプト（考え方）は生産志向、製品志向、販売志向、**消費者（顧客）志向、社会志向**といった段階で変遷してきた。

　生産志向は「つくれば売れる」という考え方である。高度経済成長期のように需要が供給を大幅に上回る時代では、つくったものがすぐに売れた。三種の神器とよばれた、白黒テレビ・電気冷蔵庫・電気洗濯機が代表例である。

　製品志向とは「良い製品をつくれば売れる」という考え方である。製品が普及しライバルメーカーも多くなると、品質が良くないと競合製品に勝てなくなる。製品をつくる技術を重視するため「シーズ志向」ともよばれる。

　販売志向は「つくった製品を売る」という考え方である。この考え方には、売りつけるという意味が含まれている。なぜ売りつけなければならないのか。企業は需要を満たすように製品を大量生産する必要があり、そのためには大規模な生産設備に対して多額の投資をする。いったん、設備投資をすれば、減価償却をするために、大量生産が必要になる。しかし、大量生産によって市場が飽和し、供給が過剰になれば在庫が余ってしまう。余った在庫は負債のため、売り切らなければならない。

　消費者志向は「消費者が必要とするもの・欲しいと思うものをつくって売れるようにする」という考え方である。対象が企業などの場合もあるため、「顧客志向」とよばれることもあるが、製品やサービスを買ってくれる対象を重要視する点では変わらない。

　消費者志向は現代のマーケティングにおいては、必要不可欠な考え方で、**消費者ニーズ**を起点にマーケティングを展開する。消費者ニーズとは、「消費者の「欲しい」」という気持ちのことである。私たちは、お腹が空いたら「何か食べたい」と思うし、疲れたら「リラックスしたい」と思う。こうした消費者のニーズから製品・サービスを開発することが現代では求められて

いる。たとえば、「健康的に痩せたい」というニーズに対しては、花王の「ヘルシア緑茶」やサントリーの「特茶」といった「トクホ（特定保健用食品）」の飲料が開発され、売られている。このように現代のマーケティングでは、消費者のニーズを第一に考え、ニーズを満たすことが求められている。

社会志向は「社会貢献や社会的課題解決をするための製品をつくって買ってもらう」という考え方である。近年、CSR（Corporate Social Responsibility）という言葉が普及し、企業が社会貢献をすることが求められるようになっている。商品を消費者が買うと寄附がされる寄附付き商品も増えている。たとえば、コカコーラ社の「い・ろ・は・す」を買うと、水源で活動する団体に寄附がされるという仕組みがある。

これらの他に「市場志向」とよばれる顧客・競争・組織を組み合わせた考え方もある。

2-2　市場分析

2-2-1　STP

マーケティングを戦略的に実行する前段階として、マーケティングの対象である市場を分析し、環境についての認識を確立する必要がある。市場の構成要素である「消費者」と「競合」について分析する方法として **STP** がある。

STPとは、「**セグメンテーション (Segmentation)**」「**ターゲティング (Targeting)**」「**ポジショニング (Positioning)**」である。製品やサービスを購買する対象を特定化し、競合を整理する方法である。

2-2-2　セグメンテーション

さまざまな製品やサービスが企業から提供され、消費者のニーズは細分化され、多様化している。世代や性別を問わず老若男女のニーズを満たす製品は現代ではないといっても過言ではない。高校生や大学生にとっては書くたびに芯が回転していつでも尖った状態で使用できる三菱鉛筆の「クルトガ」は人気で誰もが1本は持っていると感じているかもしれない。しかし、

表 2-1　購入プロセスと所有・使用経験に基づく市場細分化の基準

セグメンテーション変数	特性
人口動態的変数	年齢、性別、所得、職業、家族構成、教育など
心理的変数	ライフスタイル、趣味、嗜好、性格など
地理的変数	住所、気候、地域特性など
行動変数	購買頻度、使用頻度、態度・ロイヤルティなど

シャープペンシルをあまり使わない社会人は持っていないことも多い。社会人には消せるボールペンのパイロット「フリクションボール」の方が人気だろう。

　世の中の全員が欲しいと思うものはなく、消費者はそれぞれ多様なニーズをもっている。そこで最もよいのは、ひとりひとりのニーズに細かく合わせてマーケティングを展開することである。通信販売会社のAmazonが顧客の購買・閲覧履歴のデータに基づいて、顧客ひとりひとりに合わせておすすめ商品を表示するような**ワン・トゥ・ワン・マーケティング**とよばれる活動もある。しかし、顧客ひとりひとりのニーズに合わせるのはコストがかかり、効率的ではなく、現実的な方法とはいいがたい。

　そこで、同じようなニーズをもった消費者をある程度のかたまりとしてとらえる必要がある。その方法が**セグメンテーション**である。セグメンテーションは「市場細分化」ともいわれ、消費者の特性によって分類を行う。

　セグメンテーションで消費者を分類する特性は4つに分かれている。おもに、**人口動態的変数**（デモグラフィック変数）、**心理的変数**（サイコグラフィック変数）、**地理的変数、行動変数によって分類される**（表2-1）。

　人口動態的変数は、客観的な数値やデータで機械的に切り分けることができるため、使い勝手がよく、セグメンテーションの始めに使うことが多い変数である。20代にとっては「インスタ映え消費」のようにInstagramに投稿でき「いいね！」がもらえるような製品を好むかもしれないが、40代のサラリーマンはInstagramの使い方さえわからないかもしれない。性別に関しては、近年、LGBTとよばれるセクシャル・マイノリティもおり、男女で明確に区別できるわけではなくなりつつある。

　心理的変数は、特性を決めることは比較的難しくはないが、具体的に消費

者を位置付けることが難しい。環境に配慮する消費者と配慮しない消費者に分けることはできるが、たとえばスーパーマーケットでの買い物にエコバックを持参するが、割り箸をもらう消費者がいたとき、環境に配慮していると分類できるかは慎重に検討しなければならない。

地理的変数は、人口動態的変数と同様、客観的なデータで把握できる。北陸は雨が多い地域で、金沢では「弁当忘れても傘忘れるな」という言葉があり、ビニール傘や折りたたみ傘に対するニーズが高いかしれない。北海道の雪国では自動車のスタッドレスタイヤのニーズは高いが、雪が降らない沖縄ではニーズがほとんどないと考えられる。

行動変数は、情報化によってデータを収集しやすくなっていることがあげられる。購買頻度やロイヤルティは、会員情報を含むポイントカードや電子マネーに蓄積されるデータを分析することで把握することができる。たとえば、ロイヤルティの高い顧客は新製品を好み、ロイヤルティの低い顧客はセール品などの低価格を好むなど、ニーズをとらえる情報となる。

2-2-3 ターゲティング

セグメンテーションにより消費者を分類した後、マーケティングを実行する対象を絞る必要がある。どの消費者（セグメント）に狙いを定めるかを決めることを**ターゲティング**という。

ヒト、モノ、カネ、情報（ノウハウ）といった経営資源に限界があるのに加え、すべての消費者のニーズを満たすのは難しく、幅広いニーズに応えようとすると特徴のない製品やサービスになってしまう可能性が高い。

ターゲティングでは、ターゲットとする消費者層が小さすぎると売上が少なくなり、利益が出ない可能性に注意する必要がある。アパレル市場は約9兆円あるが、たとえば10Lサイズの女性服をつくったとして、そのセグメントの消費者ニーズには合致するものの市場規模は大きくないため、利益が出にくい[1]。一方で、工事現場などで働くときに着用する作業着（ワーキングユニフォーム）の市場規模は約2600億円ある[2]。ターゲットは絞らなければならないが、絞りすぎると売上の増大が見込めないため、ある程度の規模がある市場をみすえて、ターゲットを設定する必要がある。

ただし、ターゲットを絞った結果、棚からぼた餅のように、違うセグメントの消費者ニーズを満たすことができる場合もある。ライオンの「部屋干しトップ」という洗濯洗剤は当初、室内干しをする頻度が高い独身の若者をターゲットにしていた。もちろん、梅雨時期の雨の日に洗濯をするような場合にも使える製品である。しかし、販売をしてみると当初想定していなかった花粉症の人のニーズを満たした。花粉症の人は、花粉が飛ぶ時期になると花粉が洋服につくため、晴れた日にはとくに室外に洗濯物を干したくない。そのため、晴れた日にこそ室内干しをするニーズがある。

ターゲティングを失敗するとどんなに優れた製品やサービスであっても売れない。サトウ食品が製造する「サトウのごはん」は、発売当初はあまり売れなかった。その原因はターゲット設定にあった。当初、ターゲットとしていたのは若者だったため、コンビニエンスストアを中心に販売していた。しかし、コンビニエンスストに行く若者は、お弁当やカップラーメンなどを買ってしまうため、ただの白米をわざわざ買わない。若者に電子レンジで簡単につくれる白米を買いたいニーズはなかった。しかし徐々に関西の主婦を中心に売れ始める。主婦には昼食をつくるときにわざわざお米を炊くのが面倒くさいという不満があった。そこで、ターゲットを主婦に変更し、それに合わせて流通もスーパーマーケットを中心とすることで、人気商品となった。

このように品質の良い製品であってもターゲティングがうまくいかなければ売れるようにはならない。反対に、品質の良い製品をつくっているのにもかかわらず、売れない製品があれば、ターゲットを見直せば売れるようになる可能性がある。

2-2-4 ポジショニング

ターゲットが決まった後、**ポジショニング**を決める。ポジショニングは、ターゲットがもつ製品・サービスのイメージを整理し、競合企業や製品を位置づける作業である。

ポジショニングを決めるために使われるのが、ポジショニング・マップとよばれる地図である。ポジショニング・マップの作成順は以下の通りである。

(1) 製品・サービスの特徴を表す言葉を2つ探す。

図2-1 ポジショニング・マップ

(2) それぞれの特徴を表す言葉と対照的な言葉を設定する。
(3) それらの言葉を軸として2次元のマップをつくる。
(4) 自社製品（ブランド）と競合製品（ブランド）を地図上に配置する。

　ポジショニングでは、ただたんに製品を配置すればよいわけではない。たとえば、ガムのポジショニングを考えるとき、図2-1のように軸を「ミント系・フルーツ系」「粒状・板状」と設定する。そうすると競合製品がひしめきあって、製品やサービスが埋もれてしまう。そこで重要になるのが、「空き地」である。ポジショニング・マップを作成するための軸を設定する場合、競合製品がいない空き地を見つけることができるかが鍵になる。ロッテの「Fit's」は独創的な軸によって空き地を見つけ出した。ロッテは調査によって若者が「硬い食感」を好まない傾向にあることを発見し、「柔らかいガム」を開発した。つまり、「硬い・柔らかい」という食感の軸をつくった。そのことによって、誰も目をつけることがなかった「柔らかいフルーツ味のガム」というポジショニングをとったことでヒット商品となった。

　ただし、ポジショニング・マップに空き地があったとしても消費者ニーズがない場合には意味がない。たとえば「眠気覚ましのフルーツガム（ドリアン味）」が発売されても買われないだろう。また技術的に不可能な場合などもあるため、注意が必要である。

　ポジショニングは、できるだけ競争の少ない空き地を探すことで、市場における競争優位性を確保することが目的である。競合が少なければ競争を有利に進めることができる。また競合製品との差別化をすることにもなるため、

表 2-2 購買習慣に基づく製品の特徴

購買習慣別製品分類	最寄品	買回品	専門品
頻度	多い	少ない	きわめて少ない
場所	近くの店	繁華街で複数店舗	特定の専門店
コスト	あまりかけない	かける	惜しまない
価格	安い	比較的高い	高い

製品・サービスの特徴がわかりやすく、消費者にも伝わりやすい。

2-3 マーケティング・ミックス

2-3-1 4P

4Pとは、「製品（Product）」「価格（Price）」「流通（Place）」「プロモーション（Promotion）」の頭文字をとって4Pとまとめられるマーケティングの要素である。4Pを組み合わせることを「**マーケティング・ミックス**」とよび、マーケティングを実行するのに不可欠な要素となっている。

2-3-2 製品（Product）

マーケティングは売れる仕組みをつくることであるから、まず売るものがなければ始まらない。マーケティングで売るものは、製品とサービスに分けることができる。製品は目に見えて手で触ることができる有形財で、サービスは目に見えない無形財である。ここではおもに製品について説明する。

製品の種類は、**耐久性**で分類する方法と**購買慣習**で分類する方法とがある。耐久性は製品が使用できる期間の長さである。非耐久財は耐久性が低く、1回から数十回の使用で消費される。食料品や日用品が当てはまる。一方で、耐久財は耐久性が高く、数年単位で使用ができる。家具や家電、自動車などが当てはまる。

購買慣習は、購買の頻度、購買する場所、情報探索にかけるコスト、製品の価格などによって分類される。最寄品、買回品、専門品の3つに分けられることが多い（表2-2）。

2-3-3 価格（Price）

　経済学に基づけば価格は、需要を左右する要素である。価格を下げれば需要が増え、価格を上げれば需要が減る。一方で、価格は企業の利益も左右する。つまり製品の単価においては、価格を下げれば利益は減り、価格を上げれば利益が増える。そのため、メーカーが価格を設定する際には、需要と利益のバランスを考えなければならない。価格が原価を下回れば、売れれば売れるほど損失を増すことになるから、必ず利益が出る価格を設定することは最低限である。

2-3-4 流通（Place）

　流通は、メーカーが生産した製品をどのように消費者まで届けるかを決めることである。どのように製品を運ぶか、どのような企業に製品を販売してもらうかの選択を行う。

　流通業は、「小売業」「卸売業」「物流業」に分けられる。小売業は、私たち消費者が商品を実際に買うお店である。コンビニエンスストアやスーパーマーケット、家電量販店、アパレルショップ、あるいは個人商店などである。卸売業は、メーカー（生産者）がつくった製品を仕入れ、小売業に販売する。一般的には問屋とよばれ、野菜や魚、肉といった生鮮食品から洋服、家電製品、家具などさまざまな問屋がある。物流業は、製品の輸送・保管を行う。

　流通業の役割は、おもに2つある。ひとつは、**取引総数最小化の原理**である。メーカーと消費者の間に流通業者が入ることにより、メーカーと消費者が直接取引するよりも効率的だと考えられている。たとえば、メーカー5社と消費者5人の直接取引を考えたとき、取引総数は5×5＝25回となる。一方で、中間に流通業者が1社入ると、取引総数は5×1＋1×5＝10回となる。このように流通業者が取引の仲介を行うことで、社会全体として取引総数を最小化し、取引に関わるコストを削減していると考えられている。

　もうひとつは、「**社会的品ぞろえ**」の形成である。流通業者は基本的に誰からでも仕入れ誰にでも売るという社会的性格を有している。流通業者がさまざまな製品を仕入れて品ぞろえを豊富にしておくことによって、製品の比較検討が容易にできたり、1度でさまざまな製品を購買することができるとい

う便利さを享受できる。流通業者がいない場合、テレビを買うために性能を比較するなら、それぞれのテレビメーカーにまで赴いて調べなければならない。

2-3-5 プロモーション（Promotion）

プロモーションは、「**販売促進**」と訳され、製品の販売を促進するためのコミュニケーション活動のことである。プロモーションの内容は、「**広告**」「**広報**」「**SP（セールス・プロモーション）**」「**人的販売**」に分けられる。

広告は、有料でメディアに製品やブランド、企業などの情報をのせるコミュニケーション活動で、広告のメディアとしては、テレビ、新聞、雑誌、ラジオのマス4媒体やインターネット、屋外や交通といったOOH（Out of Home）などがある。

広報は、Public Relations（PR）の訳であり、大衆や多様なステークホルダーと良好な関係を構築する活動である。広報の仕事は多岐にわたるが、商品広報と企業広報に分けることができる。

商品広報は商品をメディアに取り上げてもらう活動で、「パブリシティ」とよばれることもある。新商品発表会を大々的に開催し、翌日のニュース番組や新聞記事に取り上げてもらう活動が当てはまる。

企業広報には、自社のWebサイト管理、投資家などに情報を開示するIR（Investor Relations）、スポーツや芸術、エンターテインメントを支援するスポンサーシップなどがある。

SPは狭義の販売促進で、購買するかどうかを迷っている人の背中を後押しする活動である。クーポンが典型である。定価では買うかどうか迷っている消費者も、クーポンで値引きがされると購買意欲が高まる。

人的販売は、人によるコミュニケーションで接客（サービス）が当てはまる。接客という言葉のように、従業員と顧客が接したコミュニケーションのため、顧客に合わせたきめ細やかな対応や情報提供が可能なことが利点である。

2-3-6 マーケティング・ミックス

マーケティングでは、製品・価格・流通・プロモーションの4Pを組み合

わせる**マーケティング・ミックス**を検討することが基本である。組み合わせることに必要なのが一貫性である。たとえば、ロイヤルブルーティジャパンが販売するワインボトルに入った約 4000 円の緑茶をコンビニエンスストアで販売しても売れる可能性は低く、流通させるのであれば百貨店の方が売れるだろう。このように、4P はすべてをバランスよく組み合わせる必要があり、一貫性が求められる。

　4P の一貫性のために必要なのが、ターゲットを軸としたフィットである。ターゲットを明確に定め、ターゲットが買いたい製品・価格・流通（販売場所）・プロモーションを組み合わせれば一貫性を保つことができる。そのため、STP →マーケティング・ミックスの順にマーケティングは検討しなければならない。

　「レッドブル」を事例にマーケティング・ミックスを説明する。オーストリアに本社がある Red Bull GmbH が販売する「レッドブル」は世界 170 カ国以上で、年間 60 億缶以上が売れる製品である。「レッドブル」の売上の約 1/3 がマーケティング費用に使われており、マーケティングに力を入れている企業でもある。

　製品は、エナジードリンクという製品カテゴリーに分類される。「レッドブル・エナジードリンク」と「レッドブル・シュガーフリー」の 2 製品のみを展開している。価格は 185ml で約 200 円である。栄養ドリンクの「リポビタン D」や「チオビタ」などよりも高価格に設定されている。「モンスターエナジー」は 355ml で約 200 円と、同じエナジードリンクの競合に対しても量に比して高価格になっている。キリンビバレッジが販売を担当しており、流通は当初、コンビニエンスストアや大学生協を中心としていた。2013 年 3 月には、自動販売機に販路を拡大した。それまでは価格が管理でき、安易に安売りされないような販売場所を選んでいたが、2017 年 3 月からはドラッグストアにも流通させるようになった。この背景には、競合製品が多数登場し、販売数量の拡大が必要になったためだと推測される。プロモーションはテレビ CM に加え、スポンサーシップに力を入れている。F1 などのモータースポーツを筆頭に、スピードやスリルのあるエクストリームスポーツに積極的にスポンサーシップを行っている。マイナースポーツが多い

のも特徴的で、支援する企業が少ないマイナースポーツのプレイヤーやファンを「レッドブル」のファンにすることに成功している。

研究のフロンティア

ペルソナ

　ターゲティングは、ターゲットの範囲が広く漠然としている。それに対して、近年は、製品やサービスを使用するユーザーをより詳細に設定することがある。人格やライフスタイルを「ペルソナ」とよび、典型的な顧客をモデル化する。

　30代OLと設定するのが一般的なターゲティングだが、ペルソナではより詳細に人物を描く。たとえば、Soup Stock Tokyoでは、「秋野つゆ」という架空の人物をつくり、「37歳女性」「性格はおっとりしているがしっかりもしており自立している」「人の事はあまり気にせず個性的」「大雑把」など詳細に性格を記述し、ペルソナをつくった。

　確かにペルソナのように詳細に記述するとターゲットが極めて少なくなってしまうが、一方でこの人には必ず売れるというような熱狂的なファンもつくりやすい。ペルソナに当てはまる人がたとえ1万人にひとりだとしても、1億2000万人いれば、1万2000人の顧客は獲得できると考えられる。

グループワークのための研究課題

1. 任意の製品を選んでSTPを分析し、ポジショニング・マップを作成してみよう。
2. ヒット商品を選んでターゲットを分析し、4Pのフィットを確認してみよう。

注

[1] 矢野経済研究所　https://www.yano.co.jp/press/pdf/1603.pdf
[2] 矢野経済研究所　https://www.yano.co.jp/press/pdf/1557.pdf

参考文献

ヴォルフガング・ヒュアヴェーガー（2013）『レッドブルはなぜ世界で52億本も売れるのか』日経BP社

遠山正道 (2006)『スープで、いきます　商社マンが Soup Stock Tokyo を作る』新潮社

小川孔輔 (2009)『マーケティング入門』日本経済新聞出版社

久保田進彦・渋谷覚・須永努 (2013)『はじめてのマーケティング』有斐閣

橋田洋一郎・須永努 (2013)『マーケティング』放送大学教育振興会

和田充夫・恩蔵直人・三浦俊彦 (2016)『マーケティング戦略　第5版』有斐閣

第3章 製品論

　本章では、製品について説明をする。マーケティングは売れる仕組みをつくることであるから、売るものとしての製品がないとマーケティングは始まらない。マーケティングで売るのはサービスもあるが、サービスは第10章と16章で取り上げるため、ここでは有形財である製品を取り上げる。またBtoB取引の産業財もあるが、ここではBtoCの消費財を取り上げている。

　製品は形があり目に見えるため、消費者は「製品が欲しくて買っている」と考えがちである。しかし、マーケティングでは消費者は「製品を買って得られる便益が欲しい」と考える必要がある。製品を使う目的は消費者ごとに違う。たとえば、椅子は「座るもの」ではあるが、高いものをとるときの踏み台、あるいは荷物置場として使うことができるし、背もたれに上着をかければハンガーの代わりにもなり、椅子の便益は束のようにたくさん考えることができる。

　本章ではこのような製品をマーケティング的にとらえる視点を紹介しながら、新製品開発の方法、製品価格の設定方法など具体的な活動を説明する。

3-1 製品とは何か

3-1-1 ニーズとウォンツ

　消費者志向のマーケティングでは、消費者の欲しいものをつくって買ってもらうことが目的である。そのため、消費者の欲しい気持ちである**ニーズ**を把握することが重要である。

　ただし、マーケティングにおいて製品をとらえるために重要なのが、ニーズと**ウォンツ**(wants)の区別である。ウォンツとは、「ニーズを満たす具体的なもの」のことを指す。

　私たちは消費者が具体的な製品を買って使用しているのを見ると、「消費者は製品が欲しくて買っている」と考える傾向にある。しかし、本当にそう

だろうか。たとえば、おにぎりを食べている人は本当に「おにぎり」が欲しくて買って食べているのだろうか。大学生の昼食を考えてみると、昼休みは50分しかないため、次の授業まで時間はあまりないし、食堂は混んでいて注文してから料理が出て来るまで時間がかかるし、座席が空くのを待つ必要もある。だから、「仕方なく」教室で手頃に食べられるおにぎりを買っている場合もあるのではないだろうか。このとき、大学生の昼食に対するニーズは、「手軽に素早くお腹を満たしたい」というものであり、おにぎりはこのニーズを満たす具体的な製品としてのウォンツである。「手軽に素早くお腹を満たしたい」というニーズを満たすものは、他にもサンドウィッチやカップラーメン、ウィダーインゼリー、カロリーメイトなどさまざまに考えることができる。

3-1-2 マーケティング・マイオピア

このように具体的なものばかりに目を向けてしまうとマーケティングにおいては、致命的な勘違いを引き起こすことになる。セオドア・レビットが提唱した**マーケティング・マイオピア**（myopia）とよばれる現象がそうである。マイオピアは「近視眼」と訳され、目先の製品やサービスのことばかり考えてしまい、顧客の真のニーズを見落としてしまう状態を指す。

マーケティング・マイオピアの事例としてよく取り上げられるのが、ドリルの話である。顧客がドリルを買っているからといって、「ドリルが欲しい」というニーズをもっていると考えてしまうのは早合点である。顧客はドリルが欲しくて買っているわけではない。顧客の真のニーズは「1/4インチの穴をあけたい」というものであり、仕方なく高価で重たいドリルを買っていると考えるべきであるという話である。

マーケティング・マイオピアに陥ってしまうと、2つの大きな問題がある。ひとつは、消費者ニーズを見誤るということである。おにぎりやドリルの話がそうである。そのためには、顧客が買ったり使用したりしている製品やサービスのような具体的なものは、ウォンツとしてとらえる必要がある。ニーズとウォンツの関係を一般的にいえば、ニーズは目的、ウォンツは手段である。たとえば、スターバックスに行く人のニーズとウォンツを考える。

コーヒーやフードは目的だろうか、手段だろうか。私たちがスターバックスなどのコーヒーチェーンに行くときのニーズは、「友達と話したい」「勉強したい」「疲れたから休みたい」というものの方が多い。つまり、私たちのニーズは「店舗の空間を使用したい」という目的にあり、その空間を使用するために手段としてウォンツである「コーヒーやフードを買う」といった行動をとっている。

　もうひとつは、競合を狭くとらえてしまい、製品やサービスが気づかないうちに売れなくなっているという可能性である。たとえば、掃除機をつくっている家電メーカーが「顧客は掃除機が欲しくて買っている」と考えるのであれば、ライバルは他の掃除機をつくっている家電製品メーカーになる。しかし、たとえばクイックルワイパーのような軽くて手軽でゴミやホコリがとれる電気を使わない製品が登場すると、掃除機から買い換える顧客が出てくる。

3-1-3 便益の束

　マーケティング・マイオピアを避けるためには、ニーズとウォンツ、目的と手段を明確に分けて考える必要がある。しかし、顧客が実際に買ったり、使用したりしている具体的な製品やサービスに目がいってしまいがちになる。そこで製品を見る視点を変える必要がある。

　マーケティングでは、製品を**便益の束** (bundle of benefit) ととらえる考え方がある。便益（benefit）とは、「製品を使って実現される成果」のことだといえる。たとえば、携帯音楽プレイヤーやスマートフォンの音楽機能の便益は、「音楽を聴く」ことはもちろんだが、「周囲の雑音をシャットダウンする」「気晴らしをする」といった便益も使用する人に与えてくれる。

　便益の束という考え方から、新たなビジネスを生み出すこともできる。カラオケボックスは、「カラオケを歌う」という便益だけを提供しているわけではない。カラオケができる前提でもあるが、「防音」「個室」といった便益がある。シダックスは「レストランカラオケ」と自社のビジネスを定義しているが、カラオケボックスの「防音」という便益は、特に小さく元気な子どもがいる家族に人気がある。子どもがいくら大声を出しても他のお客さんに

迷惑にならないのは、家族にとってのニーズがある。また、個室であるため「話し声などから情報が漏れない」といった便益もあるため、会議室として利用できるカラオケボックスも増えてきている。

3-2　新製品開発

3-2-1　製品ミックス

新製品を開発するときには、自社の製品ラインナップである**製品ミックス(製品アソートメント)** を考える必要がある。製品ミックスでは「幅」「深さ」を具体的に検討する。

まず「幅」は、どのようなカテゴリーの製品をつくるかである。次に「深さ」は製品カテゴリー内で大きさや色、機能が異なる製品を何種類つくるかである。たとえば、Apple では製品ミックスの幅は、iMac、MacBook Air、MacBook Pro、MacBook、iPad、iPhone といったものであり、深さはiPhone の色は「シルバー」「ゴールド」「スペースグレイ」「ピンクゴールド」、容量は「32GB」「64GB」「128GB」をそれぞれつくると決めることである。

3-2-2　製品差別化

製品ミックスを検討し、消費者ニーズの高い製品や自社に足りない製品を開発して、消費者ニーズを満たすために製品ミックスを拡張していく。そのなかで新製品開発を行うが、新製品を開発するときには「差別化」が必要である。

製品差別化とは、「製品の違いをつくること」である。同じ製品をつくっても自社の製品を選択してもらえず、価格競争に陥り、利益を削ることになってしまう。たとえば、同じトクホのお茶でも違いがある。花王の「ヘルシア緑茶」は「脂肪を代謝する力を高める」、サントリーの「黒烏龍茶」は「脂肪の吸収を抑えて体に脂肪がつきにくい」という機能に違いがある。そのため、「ヘルシア緑茶」はいつ飲んでもいいが、「黒烏龍茶」は食事と一緒に飲むことが推奨されている。

3-2-3 新製品タイプ

　新製品のタイプは、「**ライン拡張**」「**マルチブランド**」「**カテゴリー拡張**」「**新ブランド**」に分けることができる。

　ライン拡張は、同じ製品種類の数を増やすことである。サントリーの「特茶」は緑茶のほかに、大麦ブレンド茶、ジャスミン茶と味の種類を増やしている。

　マルチブランドは、今ある製品カテゴリーに新しいブランド名をもつ製品を増やすことである。ロッテはチョコレートのカテゴリーに、「ガーナ」や「コアラのマーチ」「トッポ」などに、新しく「乳酸菌ショコラ」を加えた。

　カテゴリー拡張は、既存のカテゴリーの製品の名前を活用して、新しい製品カテゴリーの製品を増やすことである。花王は女性用の制汗スプレーであった「8×4」というブランド名を利用して、「8×4 MEN」という男性用の制汗スプレーを増やした。

　新ブランドは、まったく新しいカテゴリーに新しいブランドで製品を増やすことである。一心堂本舗は「養生逸品」という食品を生産していたが、新しく歌舞伎フェイスパックに代表される「デザインフェイスパック」を開発し製品を増やした。

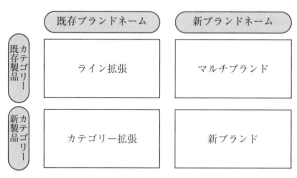

図3-1　新製品タイプ

出所：フィリップ・コトラー、ゲイリー・アームストロング『マーケティング原理（第9版）』ダイヤモンド社、2003年、中村博『新製品のマーケティング』中央経済社、2001年より作成。

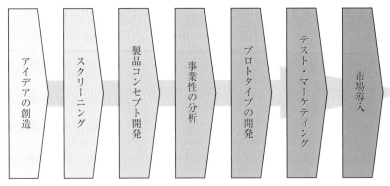

図3-2　新製品開発プロセス

3-2-4 新製品開発プロセス

新製品を開発するためのプロセスは複数の段階に分かれ、ステップを踏んでいく必要がある。代表的なプロセスを説明する。

1）アイデアの創造

アイデアがなければ新製品は開発できないだろう。アイデアを手に入れるためには、消費者の行動を観察したり、アンケート調査をすることで、ニーズをとらえる必要がある。自社の保有する技術を基盤に、他社よりも優れた技術によって消費者ニーズを満たす製品をつくる場合もある。

2）スクリーニング

アイデアが複数ある場合には、有望なものを選び出す必要がある。企業の経営資源や新製品開発にかけられる時間は有限なため、アイデアは絞って次の段階に進まなければならない。

3）製品コンセプト開発

アイデアはより具体的な形として、製品コンセプトに変換する。「手軽に洗濯できる製品」というアイデアに基づいたとして、それがたとえば「アタックneo」のように「洗濯のすすぎが1回で済むような洗剤」をコンセプトにするのか、「リセッシュ」のように「除菌や消臭ができるスプレー」をコンセプトにするのかは分かれる。

4）事業性の分析

新製品開発をして発売したとして、ターゲットの市場規模、予想される販

売数や売上金額、市場シェアの獲得、利益の規模といった事業（ビジネス）として成り立つのかを分析する。

5）プロトタイプの開発

プロトタイプ（試作品）を開発し、機能や効果が十分に発揮されるかを試したり、デザインなどを検討していく。

6）テスト・マーケティング

販売地域を限定してプロトタイプや少量の新製品をテスト販売することで消費者や流通業者の反応を調査する。

7）市場導入

テスト販売が好評であれば、新製品を販売する段階になる。ただし、市場導入して終わりではなく、消費者の反応や売上を見て、適宜改良するなどバージョンアップしていく必要がある。

3-2-5 価格設定

製品を販売するためには、価格を決める必要がある。価格を設定する方針は3つある。まずは**コストに基づく価格設定**である。原材料や人件費といった変動費と土地代や機械の減価償却といった固定費をベースに、コストに利益を上乗せして価格を決めるコスト・プラス法がある。また、固定費をベースとした損益分岐点法もある。

次に、**需要に基づく価格設定**である。需要は製品の価格弾力性によって異なる。価格弾力性とは、価格を上げると需要が大きく下がる製品（価格弾力性高）と価格を上げても需要があまり下がらない製品（価格弾力性低）があることを説明する概念である。生活用品などの最寄品は弾力性が高く、専門品は弾力性が低い傾向にある。価格弾力性が低い製品は、高価格に設定する場合が多い。

最後に、**競争に基づく価格設定**である。競合製品と比較して価格を決める。**プライス・リーダー**とよばれる先行する製品や市場シェアが高い製品が価格の基準となっているため、通常はそれよりも低価格に設定する。

価格は必ず企業に利益が出るように設定するのが原則である。そのため、どのような価格をつけるにしてもコストは無視できない。

新製品の価格設定では、新製品に高い価格を設定して短期間にコストを回収する「**上澄み吸収価格戦略**」、低価格を設定して利益は低いが販売数量を最大化することで市場シェアを拡大する「**市場浸透価格戦略**」がある。

　また、消費者の心理を考えた価格設定もある。1980円などキリのいい数字から少し値段を下げることで安さを強調する「**端数価格**」、ブランド品のように意図的に価格を高くすることで品質の高さやステータスを訴求する「**威光価格**」などがある。

研究のフロンティア

サービス・ドミナント・ロジック

　マーケティング研究では、製品とサービスを分けへだてることなく、包括的にとらえるサービス・ドミナント・ロジックという考え方がある。たとえば、CDは製品であるが、音楽というサービスを届けるための道具であるともとらえることが可能である。音楽を届けるためのサービスという視点で考えれば、CDもiTunesのような電子配信サービスも同じ価値を提供していると考えられる。製品をモノとしてとらえるのではなく、製品が提供するサービス（本章の言葉で置き換えれば「便益」）をとらえる必要があるという主張である。

　サービス・ドミナント・ロジックではモノではなくサービスを中心にすえる。このサービスを中心に置く考えは、以前からなかったわけではない。たとえば、コピー機はリース契約が中心で、これはコピー機を売るのではなく、書類を複写するサービスを売るという発想に基づくものである。

　製品とサービスを包括的にとらえるサービス・ドミナント・ロジックの考え方は、顧客の価値を考える本来マーケティングが目指してきた製品のとらえ方に近いといえるだろう。

グループワークのための研究課題

1．身近に自分が使っている製品を選んで、その製品を買ったり使ったりしている理由を考えつつ、その製品の「便益」とは何か考えてみよう。
2．「これまでになかった便利な文房具」をアイデアとして、新製品コンセプトを

考えてみよう。

参考文献

Levitt, Theodore (1960), "Marketing Myopia", *Harvard Business Review*, 38, pp.24-27

黒岩健一郎・水越康介 (2018)『マーケティングをつかむ　新版』有斐閣

和田充夫・恩蔵直人・三浦俊彦 (2016)『マーケティング戦略　第5版』有斐閣

第4章 マーケティング・チャネル論Ⅰ

　生産と消費の間には、所有および時間、空間のへだたりが存在する。生産された製品を消費可能なものにするためには、取引や情報伝達、保管、輸送などの活動を通じて、それらのへだたりを解消しなければならない。マーケティング・チャネルとは、製品またはサービスを、使用または消費可能なものとする一連のプロセスに関わる相互依存の企業の集合である（コグラン&スータン［2001］）。チャネル戦略は、メーカーのマーケティング戦略のなかでも重要な意思決定のひとつである。本章では、マーケティング・チャネルの機能と類型を説明したうえで、1950年代以降の日本の大手消費財メーカーのチャネル・コントロールの特徴を紹介する。

4-1　マーケティング・チャネルの機能

　マーケティング・チャネルは、生産と消費を架橋するものである。マーケティング・チャネルが果たす機能は、おもに①**情報伝達**、②**所有権移転**、③**物流**、④**付加価値サービスの提供**の4つに分類される。
① 　情報伝達は双方向に行われる。メーカーから消費者へは、広告や接客などのコミュニケーション手段を通して、製品・サービス情報が伝えられる。一方、消費者からメーカーへは、取引や在庫データなどを通して、消費者ニーズに関する情報が伝えられる。たとえば、消費者がネット通販最大手アマゾンジャパンで本を注文すると、アマゾンは注文データを通して、消費者がよく購読する書籍に関する情報を獲得する。アマゾンは、獲得した情報に基づき、電子メールなどを通じて新刊の書籍を顧客に紹介する。こうして消費者側は、自分の好みにあった書籍に関する情報を得ることができるのである。マーケティング・チャネルにおいては、情報伝達は適時かつ正確に行うことが重要である。
② 　所有権移転は、商品・サービスの所有権を生産者から消費者に移転させ

る機能である。たとえば、消費者が商店街の豆腐店で代金を支払って豆腐を購入すると、豆腐の所有権は生産者である豆腐店から消費者へと移転する。所有権の移転を実現するために、潜在顧客の探索や交渉、契約締結、売上回収などの活動が行われる。
③　物流は製品を顧客に輸送する機能である。物流は保管や受注処理、輸送、在庫管理などの活動からなる。たとえば、大手菓子メーカーのカルビーは、ポテトチップスを日本国内7つの工場で集中的に生産しているが、それを食べる消費者はさまざまな場所に分散している。消費者にポテトチップスを消費してもらうためには、製品を消費者に近い場所まで運ぶ必要がある。今日、迅速かつ低コストの物流の重要性が高まっており、いかに効率よく在庫を管理するかが、効率的物流を実現するカギとなっている。
④　付加価値サービスの提供とは、顧客が商品を容易に購買し、また快適に使用することができるように、消費者信用やアフターサービスといったさまざまな顧客サービスを提供する機能である。たとえば、消費者がエアコンを購入する際、エアコンの設置工事や古いエアコンの回収などのサービスが提供されることが多い。また、顧客が購入した商品に満足できない場合、容易に返品できるようなサービスを提供するメーカーも増えている。価値のあるサービスの提供は、顧客と長期的な関係を構築するために有用な手段である。

4-2　直接マーケティング・チャネル

　マーケティング・チャネルの機能は、チャネルの異なる段階に位置する各企業によって分担される。メーカーの戦略によってチャネルの構成員と構成員間の関係が異なり、結果としてチャネルの具体像も異なるものとなる。マーケティング・チャネルは、構成員の違いによって**直接マーケティング・チャネル**と**間接マーケティング・チャネル**とに分けられる（図4-1）。この節では、直接マーケティング・チャネルについて説明する。
　直接マーケティング・チャネルは、生産者が消費者に直接販売するチャネルである（図4-2）。**通信販売**や**訪問販売**は、直接販売の代表例である。通信販

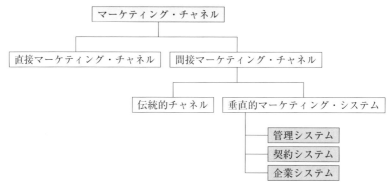

図 4-1　マーケティング・チャネルの類型

出所：矢作敏行『現代流通：理論とケースで学ぶ』有斐閣、1996年、p.68、図 3-3 に筆者が加筆。

図 4-2　直接マーケティング・チャネル

出所：田島義博・原田英生編著『ゼミナール流通入門』日本経済新聞社、1997年、p.54、図 1-14 に筆者が加筆。

売は、インターネットやカタログ、新聞、雑誌、テレビなどの媒体を通して、消費者に商品情報を提供する一方、電話や郵便、インターネットを通して消費者からの注文を受ける販売手法である。たとえば、パナソニックは通信販売を利用してノートパソコンを販売している。一方、訪問販売は、販売員が各家庭に出向いて商品を販売する。ポーラ化粧品の重要な販売チャネルのひとつは、ポーラレディーによる訪問販売である。

　通信販売と訪問販売の他、日本ではあまり見られないが、欧米諸国の都市によく見られる**ファーマーズマーケット**もまた、直接マーケティング・チャネルの一例である。ファーマーズマーケットでは、農家自身が自ら生産した農産物や畜産物を消費者に直接販売する。

　直接マーケティング・チャネルでは、メーカーと消費者が直接接触する。そのため、双方の情報伝達が確実に行われ、製品の移転が迅速に行われるという利点がある。しかしその一方で、地理的に分散した消費者と個別に取引

を行うことは流通コストの増加をもたらす。また、店舗販売の場合には、資金的制約によって出店可能な店舗数が限られ、さらに、品ぞろえが単一メーカーの商品のみとなるため、集客力が低いという問題が生じうる。

4-3　間接マーケティング・チャネル

　間接マーケティング・チャネルは、メーカーが**流通業者**を介して製品を販売するチャネルである。間接マーケティング・チャネルは、今日多くの消費財メーカーが一般的に採用しているマーケティング・チャネルである。

4-3-1　間接マーケティング・チャネルの長さ

　流通業者には**卸売業者**と**小売業者**とがある。卸売業者と小売業者は、**販売先**の違いによって分類される。小売業者の販売先は**最終消費者**である。一方、卸売業者の販売先は、最終消費者以外であり、そこには卸売業者や小売業者のような再販売業者、加工業者、学校、官庁などの機関などが含まれる。

　小売業者の販売先は最終消費者である。そのため、小売業者はつねにマーケティング・チャネルの最終段階に位置し、結果としてひとつのチャネル内に小売段階は1段階しかない。一方、消費財の販売において、卸売業者の販売先は再販売業者である。そのため卸売業者はメーカーと小売業者の間に位置する。また、卸売段階は多段階なものにもなりうる。すなわち、卸売の段階数が**チャネルの長さ**を決定する（図4-3）。

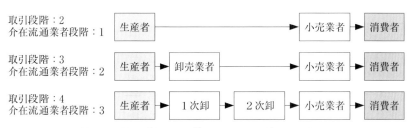

図4-3　長さが異なる間接マーケティング・チャネル

出所：田島義博・原田英生編著『ゼミナール流通入門』日本経済新聞社、1997年、p.54、図1-14に筆者が加筆。

4-3-2 間接マーケティング・チャネルにおける構成員間の取引関係

　間接マーケティング・チャネルにおいては、チャネルの長さが多様なだけではなく、チャネル構成員間の**取引関係**もまた多様である。間接マーケティング・チャネルは、構成員間の取引関係によって、**伝統的チャネル**と**垂直的マーケティング・システム**という大きく2つに分けられる（図4-1）。さらに、垂直的マーケティング・システムは、構成員間の組織的統合の程度によって**管理システム**または**契約システム**、**企業システム**の3つのタイプに分類される（図4-1）。

　伝統的チャネルは、独立したチャネル構成員である生産者と卸売業者、小売業者が、それぞれ自律的に意思決定を行い、匿名的かつ離散的な市場取引を通じて関係づけられるチャネルである（宮澤［1999］）。たとえば、卸売市場のセリを通じて鮮魚や花卉を取引するチャネルはその例である。

　一方、垂直的マーケティング・システムは、構成員間の取引活動が完全に市場にまかされるのではなく、ある特定の構成員の意思の下に管理される傾向をもつシステムである。組織的統合の程度が弱い順に、管理システムと契約システム、企業システムの3つのタイプに分けられる。

　管理システムは、ブランド力などのパワーを背景に影響力を持つチャネル構成員（チャネル・キャプテン）が、マーケティング計画を他の構成員に示し、彼らの活動を統制、管理するシステムである（矢作［1997］）。たとえば、大手大衆薬メーカーのライオンは、ドラッグストアの本部を通じて加盟店に販売促進企画を提示し、加盟店の販促活動に方向付けを行うシステムを採用している。こうした管理システムでは、構成員間の共通目標は限定的で非公式である。また、チャネル・キャプテンによるチャネルへの投資は少なく、関与もより少ない。

　契約システムとは、チャネルの構成員同士が、資本的には独立したままフランチャイズ契約ないしボランタリー契約を結び、契約によって組織化されているチャネルである。フランチャイズ・チェーンでは、構成員間の共通目標が包括的かつ正式であり、フランチャイザーの統制力がより強い。日本の大手自動車メーカーが構築したディーラー網は、フランチャイズ・チェーンの一例である。一方、ボランタリー・チェーンでは、本部が加盟店に対して

経営指導や支援を行うものの、仕入れや価格の決定権は加盟店にある。そのため、フランチャイズ・チェーンと比べて、本部の統制が緩やかであり、加盟店の独立性がより高い。

企業システムは、チャネルの異なる段階がひとつの企業の資本のもとに統合されているチャネルである。たとえば、花王による自社販売会社の設立がこれに当たる。企業システムでは、チャネル構成員同士が単一企業の内部部門と同じように明確な共通目標を持ち、構成員間の取引は権限と指示によって調整される。

メーカーのマーケティング・チャネルにおいては、しばしば段階ごとに異なるシステムが採用される。また、ひとつのメーカーが複数の類型の流通チャネルを併用していることも少なくない。

4-4　日本の大手消費財メーカーのチャネル・コントロール

4-4-1　メーカー主導型のマーケティング・チャネルの構築

日本では、消費財の大量生産が本格的に確立した1950年代から1990年代にかけて、大手消費財メーカーのチャネル戦略の特徴のひとつが、垂直的マーケティング・システムの導入、およびメーカーによる構成員間の取引活動の統制であった。加工食品や化粧品、医薬品、家庭電器、自動車、日用雑貨などの主要消費財分野において、大量生産体制を確立した日本の大手メーカーは、全国市場での販路を開拓するために、既存の流通業者を組織化し、メーカー主導型のマーケティング・チャネルを構築した。

こうしたチャネルを構築した大手メーカーのなかでも先駆け的な企業は、松下電器（現パナソニック）である（崔［2004］）。松下電器による小売店の**系列化**は、1930年代の「連盟店」制度の導入にまでさかのぼることができる。第二次世界大戦後の1949年、松下電器は早くも連盟店制度を復活させた。また、1950年代後半以降は、優秀な連盟店だけを選別して組織すると同時に、松下製品の専売率によって連盟店を格付けし、専売率が高い連盟店に手厚い援助を提供するなど、強固な流通販売網を構築した。

1950年代、松下電器をはじめとする多くの日本の大手消費財メーカーが

メーカー主導型のマーケティング・チャネルを構築することができたのは、日本において近代的小売業の発達が遅れていたからである。1950年代の日本における主要な小売業態といえば、数少ない**百貨店**と多数の**中小専門店**のみに限られていた。1920年代にすでにスーパーの発展を経験していた米国とは対照的に、日本において**総合スーパー**が成長を遂げたのは1960年代のことである。さらに、日本における**コンビニエンスストア**の誕生は1970年代のことであり、**家電量販店**や**ドラッグストア**の台頭は1980年代まで待たなければならなかった。こうした状況の下、1950年代日本の大手消費財メーカーによるメーカー主導型のマーケティング・チャネルの構築は、全国市場を開拓するという経営目標に適したものであった。

メーカー主導型の販売チャネルを構築した日本の大手消費財メーカーが、流通業者の協力を獲得し、チャネルを統制するために用いた手法のなかで最も重要なものは、**建値制**と**リベート制**であった。

建値制とは、メーカーが設定した小売価格を100とし、そこから流通段階をさかのぼるごとに一定割合を割り引く形で各流通段階の**標準的取引価格**を設定し、それを基準に決済を行う制度である。卸売業者と小売業者がこの取引価格を遵守すれば、利益が保証される。メーカーはこうした建値制によって、流通業者をパートナーとして引き寄せようとした（石原［2004］）。

リベート制は、**割り戻し**ともよばれ、売り手が取引価格で決済した後、一定期間をおいて受け取った代金の一部を買い手に払い戻し、事後的に取引条件を調整するという取引慣行である。

4-4-2 メーカー主導型のマーケティング・チャネルの変化

メーカー主導型のチャネルは、大手総合スーパーや家電量販店などの専門スーパー、コンビニエンスストア、ドラッグストアなどの小売業態が発達していなかった時代において、メーカーの経営目標の実現に適したチャネルであった。また、建値制とリベート制は、メーカー主導型のチャネルが支配的であった時代に、チャネル統制の手段として重要な役割を果たした。しかし、1980年代に入ると、大手小売企業の成長により、大手消費財メーカーの**チャネル・キャプテン**としての地位に変化が見られるようになった。また、

その後の1990年代、大手消費財メーカーは、既存のメーカー主導型マーケティング・チャネルを改革せざるをえなくなった。

　同じ時期、卸売段階の競争の激化、大手小売業者の成長、供給過剰の恒常化によって建値制が形骸化した。リベート制もまた、メーカーが卸売業者の基本業務遂行に対して上乗せの手数料を支払わざるをえないことや、市場の成熟・売上の低迷によってリベートのインセンティブ効果が失われたまま支払われていること、後払いのリベートがメーカーと卸売業者両方の事務処理コストを増加させていることなど、多くの問題を抱えるようになった。これらの問題点に対応するため、1990年代加工食品や日用雑貨などを扱う大手メーカーは、リベートの簡素化・透明化を目指す取引制度の改革をはじめた。

グループワークのための研究課題

1. 日本の大手消費財メーカー1社を選んで、その企業の日本国内におけるチャネル構造を分析してみよう。
2. 大規模小売業者の成長が大手メーカーのマーケティング・チャネル戦略に与えた影響を考えてみよう。

参考文献

アン T. コグラン、ルイス W. スータン「マーケティング・チャネルの設計とマネジメント」ドーン・イアコブッチ編著、奥村昭博・岸本義之訳『マーケティング戦略論』ダイヤモンド社、2001年、pp.310-337

石原武政「流通100年を振り返って」石原武政・矢作敏行編『日本の流通100年』有斐閣、2004年、pp.341-353

崔相鐵「家電流通：家電メーカーと家電商人の対立と協調」石原武政・矢作敏行編『日本の流通100年』有斐閣、2004年、pp.91-131

宮澤永光監修『基本流通用語辞典』白桃書房、1999年

矢作敏行『現代流通：理論とケースで学ぶ』有斐閣、1996年

矢作敏行「変容する流通チャネル」田島義博・原田英生編著『ゼミナール流通入門』日本経済新聞社、1997年、pp.291-328

第5章 ロジスティクス論

　本章では、ロジスティクスやサプライ・チェーン・マネジメントといった、物流にかかわる企業のマネジメント概念を考察する。ロジスティクス（logistics）とは、原材料の調達から最終的な販売に至るまでの活動を一本の線ととらえて、商品の物理的な流れを包括的にマネジメントすることである。ロジスティクスは、物流の英語表現などと思われている場合も多いが、両者は異なる概念である。ここではマーケティングの一要素として、市場適合を基本とするロジスティクスの考え方を説明する。

5-1　ロジスティクスの考え方

5-1-1　ロジスティクス

　ロジスティクスは、「兵站（へいたん）」を意味する英語である。兵站とは軍事用語であり、戦場の前線に武器や食料品などの物資を補給するといった後方支援の活動を指す。戦闘地域のような緊迫した状況では、調達、輸送、保管などの活動を別々に行うのではなく、必要な物資を、必要なときに、必要な量だけ供給できるように全体を包括して管理しなければならない。この軍事における考え方が企業経営の分野に取り入れられ、商品の物理的な流れを包括的にマネジメントするための概念としてロジスティクスという言葉が用いられるようになった。

5-1-2　ビジネス・ロジスティクス

　企業経営におけるロジスティクスの概念は、1950〜60年代のアメリカで用いられるようになる。当初は「ビジネス・ロジスティクス」や「マーケティング・ロジスティクス」などと表現して軍事用語と区別されていたが、すぐに「ロジスティクス」となり普及していった。

企業経営においてロジスティクスという概念が受け入れられた背景には、輸送や保管といった物流活動を経営機能のひとつとして戦略的にとらえようとする思考の変化があった。具体的には、企業の経営戦略やマーケティングに基づいて商品の物理的な流れにかかわる体系を設定し、その体系を構成する活動、施設、組織を組み合わせて包括的にマネジメントすることを指す。すなわち、ロジスティクスという概念を用いることで初めて、企業は物流に関する戦略的な経営機能が存在するということを意識するようになったといえる。

　現代においてロジスティクスが重視される理由としては、次の3点をあげることができる（中田、2004、pp.4-5）。

① 　物流を効率化や能力拡大という狭い領域の問題ではなく、企業全体の戦略や社会における役割を意識した広い意味でとらえる必要がでてきた。
② 　企業戦略において注目される**サプライ・チェーン・マネジメント**（supply chain management／SCM）を実行する場合に、その中心として物理的な財の流れを包括的にマネジメントすることが求められるようになった。
③ 　物流管理の立場で個々の活動を管理するのではなく、企業戦略に応じて商品の流れの体系をマネジメントするという考え方が生まれてきた。

5-1-3　ロジスティクスと物流

　物流とは、輸送、保管、荷役、包装といった活動から構成される流通の一機能である。それは、生産した場所や時間から、消費する場所や時間へ物理的に商品を移動させることにかかわる諸活動を指す。一方、ロジスティクスは企業経営において行われる物流活動を包括的にマネジメントするための思想や方法である。ロジスティクスは物流の訳語ではなく、同じ意味でもないことに注意したい。しかしながら、日本においては物流という言葉が定着しているため、本来はロジスティクスとよぶべき内容であっても物流と表現されている場合もある。ここでは物流をマネジメントするための概念がロジスティクスである、という両者の違いをしっかりと理解する必要がある。

　表5-1は、日本における物流管理とロジスティクス・マネジメントの考え方を比較している。

表 5-1 物流管理とロジスティクス・マネジメントの比較

	（ロジスティクス以前の）物流管理	ロジスティクス・マネジメント
目標	物流の効率化 （コスト削減）	市場適合 $\begin{pmatrix}戦略に基づく\\効率・効果のバランス\end{pmatrix}$
対象と領域	物流活動 生産（仕入れ）から 顧客まで	物流体系 調達から販売物流および 最終顧客まで
内容	○プロダクト・アウト ○熟練的・経験的管理 ○輸送および拠点中心 ○コスト・コントロール ○戦術重視	○マーケット・イン ○科学的管理 ○情報中心 ○インベントリー・コントロール ○戦略重視

出所：中田信哉・湯浅和夫・橋本雅隆・長峰太郎『現代物流システム論』有斐閣、2003年、p.114。

5-2 ロジスティクスのマネジメント

5-2-1 マーケティングのなかのロジスティクス

　マーケティングの中心となる発想は、顧客志向に基づく**マーケット・イン**(market in)である。顧客すなわち市場を出発点として企業活動の内側へとさかのぼっていく市場適合の発想がマーケット・インであり、ロジスティクスの領域とは、このような市場を起点とするマーケティング活動において、商品の物理的な流れをマネジメントすることである。

　ロジスティクスの目標は、顧客ニーズに対する市場適合の高度化を求めつつ物流効率の追求も行うという複合的なものであり、それは「最高レベルで市場に適合しつつ、最も効率的なプロセスでその商品供給を実行すること」と表現できる。物流効率だけを向上させることが狙いであれば、自社や他社を基準として効率性の高低を問うことが可能である。しかし、マーケット・インとしての市場適合を満たすためには、既存の物流活動をそのままつなぎ合わせたような体系ではなく、顧客ニーズに適合する商品供給を実現できるようなロジスティクスの体系を構築することが必要となる。

市場適合という観点から、ロジスティクスに求められるものは次の2点である（中田, 2004, p.64）。

① 品ぞろえを所与として、その品ぞろえにおいて市場の需要に適切に対応し、補充の量・時間・ロットなどを最高の効率で市場に提供する。
② 適切な品ぞろえを実現するために新製品の投入、既存商品の市場撤退、商品群の組み合わせの変更などを適切に行う。

5-2-2 ロジスティクスの領域

　商品は、調達拠点、生産拠点、販売拠点といった物流拠点を通過していく。これら物流拠点間を結びつけた全体像が、ロジスティクスにおける商品供給の体系となる。物流管理では個々の活動をコントロールすることが中心となり、調達から生産や販売を経て回収へと至る全体像を明確にとらえていない場合がある。しかし、ロジスティクス・マネジメントにおいては、まずその対象となる体系をはっきりと定める必要がある。

　そのような体系を明確化するためには、ロジスティクス領域の選定が必要となる。本来ならば、ロジスティクスは物流の全領域を対象とするものである。物流の全領域とは、図5-1に示されるように「調達物流」「生産物流（社内物流）」「販売物流（市場物流）」「回収物流」という4つの領域から構成される。全領域を対象とすることは、調達から生産や消費を経て、廃棄物などの回収に至るまでを含んだフローを設定し、そのすべてを統合した体系を構築することを意味する。

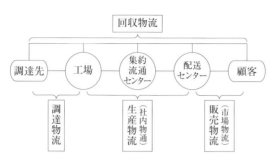

図5-1　物流の4つの領域

出所：中田信哉『ロジスティクス入門』日本経済新聞社、2004年、p.55。

しかしながら、これらの全領域を統合することは理想であり、現実的には部分的な結合を図ることになる。たとえばトヨタ自動車のカンバン方式は、市場需要に合わせた生産計画に基づいて調達物流と生産物流を結びつけたものであり、この部分的な領域における最も効率的なフローを構築したものといえる。

5-2-3 在庫のマネジメント

ロジスティクスの体系は、「物流チャネル」と「物流拠点の配置」を組み合わせたネットワークを形成している。物流チャネルの各段階において、地理的な広がりへ対応するための物流拠点が配置される。それらを組み合わせた全体像が、図5-2に示されるようなロジスティクス・ネットワークとなる。

このロジスティクス・ネットワークのうえで、在庫、時間、費用、情報、物流活動のマネジメントが行われる。具体的な内容は、①在庫をどのように配分するか、②時間をどのように調整するか、③費用はどう発生するか、④情報はどう伝達されるか、⑤各活動はどう行われるか、である。このなかでとくに重要であるのは、①にある在庫のマネジメントである。基本的には、在庫の配分を設定することによって、時間、費用、情報、ならびに各活動の管理が行われると考えてよい。

ロジスティクス・ネットワークのなかを流れている商品は、メーカーの工場内にあるものから小売店頭にあるものまで、すべて在庫である。ロジスティクスの目的は市場適合にあるから、顧客ニーズにみあった適切な商品供

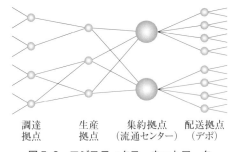

図5-2 ロジスティクス・ネットワーク

出所：中田信哉『ロジスティクス入門』日本経済新聞社、2004年、p.77。

給を行うために、ネットワーク全体に散在している在庫をいかにコントロールできるかが重要な課題となる。

　従来からの在庫管理では、物流拠点ごとに適正在庫量、発注点在庫量、安全在庫量、発注時期、発注単位などを決定してきた。そのため、各拠点内で在庫管理が完結してしまい、全体的な在庫情報の調整が難しかった。その結果として、ネットワーク全体の在庫量は各拠点の在庫を積み上げた数となってしまい、過剰在庫になりやすくなる。この問題を解消するためには、ロジスティクス・ネットワークの全体を把握したうえで、最大の効果と効率を実現するように在庫の配分を行わなければならない。

5-2-4　ロジスティクスにおける顧客サービス

　マーケット・インの発想を基本とするロジスティクスにおいて重要なことは、顧客サービスをどのように設定するかである。顧客サービス水準の設定においては、アベイラビリティ（availability／有効性）という指標を利用できる。アベイラビリティとは、受け手側が商品の供給を受ける場合の条件を示すものである。具体的には、①購入できる品ぞろえの幅、②欠品率、③**リードタイム**、④受け入れ方法、⑤受け入れ単位（ロット）、といった要素から構成される。リードタイムとは、顧客が注文してから到着するまでに要する時間である。また、サービスの適切さ(Right)という観点からは、物流サービスの5Rとよばれる「適切な商品を、適切な場所へ、適切な時間に、適切な状態と、適切なコストで届ける」ことが目指される。

　顧客サービスを向上させることは大切であるが、それにともなってコストも上昇することに注意を払わなければならない。ロジスティクス活動に対する顧客の評価は、各要素のサービス水準をどのように設定するかによって異なるものとなるため、適切なコスト管理に基づくバランスをとることが必要である。

5-3 ロジスティクスの進展

5-3-1 ロジスティクスとサプライ・チェーン・マネジメント

　現在、ロジスティクスはサプライ・チェーン・マネジメント（SCM）とよばれる概念の中核的な要素として、経営戦略における重要性を高めている。SCMは「価値提供活動の初めから終わりまでに至る、原材料の供給者から最終需要者への全過程における個々の業務プロセスを、ひとつのプロセスとしてとらえ直し、組織の壁を越えてプロセス全体の最適化を継続的に行い、商品の付加価値を高めることで、企業に高収益をもたらす戦略的な経営管理手法」などと定義される。

　商品が顧客に届くまでには、川上から川下までさまざまな企業が連なって結びついている。SCMは、こうした商品供給の連鎖をサプライ・チェーンとしてとらえ、関係する企業間の物流を効果的かつ効率的に管理することによって、顧客が求めているときに、求めている商品を、リーズナブルな価格で提供し、顧客満足を高めようとする考え方である。

　ロジスティクスとSCMの差異は必ずしも明確ではないが、ロジスティクスは商品の物理的な流れを対象とし、SCMは組織間関係を含む連鎖全体を対象とする、という点で両者を区別することもできる。全体最適の視点から企業活動をとらえるSCMは、ロジスティクスを中心としてさらに幅広い事業領域を扱う経営概念であるともいえる。

　SCMの実現には、POSデータといった小売店頭の情報を、サプライ・チェーン全体で共有できるような企業間の協働的連携が必要となる。企業の壁を越えて情報共有を行うことは容易ではないが、実需の情報を起点とすることによって、売れている商品の欠品を避け、同時に売れない商品の余剰在庫を減らすことができる。その結果として、サプライ・チェーンに連なる各企業の在庫は適正化され、チェーン全体としての競争力が向上する。SCMの目標は、消費への適合による顧客満足の上昇であり、その実現は商品供給の巧拙に左右される。したがって、SCMを成功させて顧客の満足を獲得するためには、商品の物理的な流れを扱うロジスティクスが大きな役割を果た

している。

5-3-2 ネット通販とラストマイル

　インターネットを利用して通信販売を行うネット通販においては、注文を受けた商品を買い手まで送る必要がある。そのため、物流活動を適切に提供できなければ、ネット通販は完結しない。送料無料、当日配送、日時指定などといった物流に関係するキーワードは、競争力を決定する要素になっており、彼らのロジスティクス能力が重要な役割を果たしているといえる。

　ネット通販では、店舗にくらべてより広く深い品ぞろえを提供することが可能である。一方、その品ぞろえにともないきわめて多くの商品をあらかじめ在庫を用意しておく必要もある。さらに注文があった商品をすぐに選び出して、梱包する作業も重要である。このようにネット通販では、webサイトの運営だけでなく、販売する商品の物理的な動きを正確かつ迅速に管理するためのロジスティクス・マネジメントが必要不可欠となっている。

　ネット通販における配送は、顧客に商品が届く最後の工程という意味から**ラストマイル**（またはラストワンマイル）ともよばれる。ラストマイルは、各家庭や事業所といった個別の配送先に、少量の貨物を正確かつ迅速に届けなければならないという非常に手間のかかる活動である。そのため、ラストマイルにともなう業務は煩雑で効率性が低く、配送コストも高くならざるをえない。

　日本では一般に、宅配便を中心とした物流業者がこのラストマイルを担っている。多くのネット通販業者は、彼らに業務を委託することで、全国ほとんどの地域へ迅速に商品を届けることができている。さらに、配送の日時指定や代引きによる代金回収などにも対応可能であり、宅配便はネット通販のロジスティクスを高度にサポートする幅広いサービスを提供している。ネット通販は宅配便を前提に、成り立っていると考えることもできる。

> ### 研究のフロンティア

ロジスティクスと地球環境問題

　ロジスティクスの領域においても、地球環境問題や持続可能性 (sustainability) への取り組みが求められている。輸送や包装といった物流活動は、大気汚染や廃棄物などに関わる環境負荷を与えている。そのため、企業レベルにおいて優れたロジスティクスをめざすだけでなく、社会全体に適合するような環境に優しいロジスティクスをどのように展開するかが注目されている。

　またロジスティクスの環境問題としては、**リバース・ロジスティクス**についても考える必要がある。リバース・ロジスティクスとは回収物流にかかわる活動であり、具体的には返品、再利用、使用済みの容器や廃棄物等の回収など、循環型社会の形成にかかわるロジスティクスである。循環型社会への適合をめざしたリバース・ロジスティクスへの注目の高まりは、企業の社会的責任を重視するCSR(Corporate Social Responsibility) や、法律を遵守するコンプライアンスの考え方が浸透してきたことも背景となっている。地球環境問題は、ロジスティクスにかかわるサプライ・チェーン全体の共通課題であるため、一企業レベルの努力のみならず、企業間の壁を越えた業界全体での最適化を図っていかなければならない。

> ### グループワークのための研究課題

1．コンビニエンス・ストアの商品供給のしくみについて調べてみよう。
2．ネット通販の物流センターでどのような業務が行われているか調べてみよう。

> ### 参考文献

齊藤実（2016）『物流ビジネス最前線』光文社新書
―――・矢野裕児・林克彦（2015）『物流論』中央経済社
中田信哉（2004）『ロジスティクス入門』日本経済新聞社
―――・湯浅和夫・橋本雅隆・長峰太郎（2003）『現代物流システム論』有斐閣

第6章 広告論 I

　本章ではマーケティング活動における 4P のひとつ Promotion のなかでも中心的な役割を担う、広告活動を取り上げる。まず広告の概要として、類似した概念との比較も踏まえての定義、歴史、そしてその機能について触れることとする。
　次にどのように広告活動が行われるのか、とくに重要と考えられる広告コミュニケーションプランの立案について解説を行う。

6-1 広告とは

6-1-1 広告の定義

　私たちは日々 TV やスマートフォンを通し、多くの時間、広告に接している。生活者あるいは消費者として広告に接するなかで、商品の購入の手助けとして広告を活用したり、友人との会話のなかでの話題にすることもある。広告から生まれるタレントやヒット曲も多く、私たちの生活のなかでいわば空気のような存在にまでなっているともいえよう。一方、送り手である企業側から見れば、広告はマーケティング活動の重要な一要素である。

　広告という言葉と類似する言葉も多く、たとえば、宣伝、PR、広報などがあげられる。宣伝という用語は多くの場合に広告と同義語として使われる。広告宣伝といったり、また広告活動を行う部署を宣伝部とよぶこともある。思想やイデオロギーを人々に浸透させようとすることを「**プロパガンダ**」とよぶが、宣伝活動と訳すことができる。しかしながら雑誌広告のことを雑誌宣伝とよぶことは少ない。このように広告と宣伝は、微妙な違いがあるが非常に類似した概念である。商品や企業に関しての事実を扱うときには広告となり、必ずしも事実に基づかないコミュニケーション活動を宣伝ということで広告と区別しているともいわれている。

また企業 PR など、PR という言葉もよく聞く。PR は Public Relations の頭文字を取ったものである。PR は基本的に広告を含む概念、すなわち、あらゆる関係者と「良好な関係」をつくる活動とされている。ただし、狭義の意味では、直接的に広告メディア（雑誌広告のスペースなど）を購入して行う広告活動を広告代理店が中心的に行っているのに対し、PR 会社の場合には、多くの場合企業のニュースなどを流し雑誌や新聞の記事に取りあげてもらう**パブリシティ活動**を行うことが重要な役割といえる。

　近年、広告の範囲が広がり、マーケティング・コミュニケーション活動という言葉を使う場合もある。しかし、広告という言葉は今でも広く使われ浸透している。そこでここでは、これまで一般的にいわれてきた広告の定義を述べ、そのうえで近年の広告の広がりを見ていくことにする。広告の定義を端的に述べれば以下のような要素を含むものとなる。

① 　送り手が明確であること
② 　伝えたい相手がいること
③ 　メッセージの対象となるものがあること
④ 　お金を支払って行うこと
⑤ 　メディアを通して行うこと
⑥ 　伝達や説得など送り手の目標の達成のために行うもの

　「送り手が明確であること」について、これは企業でも個人でもかまわない。たとえば NIKE という会社であったり、自由民主党という政党かもしれないし、またあなた自身、すなわち個人でもよいわけである。アメリカの新聞には個人名で恋人を募集する広告なども多く見られる。次の「伝えたい相手がいること」は、送り手となる広告主は必ず誰に対して行っているか、すなわちターゲットを想定して広告活動を行わなければならないことを意味する。3 番目の「メッセージの対象」であるが、これは何について広告を行うかということである。これはスニーカーやチョコレートなどの製品に限るわけではない。美容院のようなサービスであったり、政党という組織でもかまわないし、戦争反対という意見でもよい。次に「お金を支払って行うこと」、すなわち、有料であるということであるが、これは企業などがその会社や製品についての情報を、無料でニュースとして新聞やテレビなどのマス

メディアに取り上げてもらうパブリシティと異なる点である。SNSなどで一見記事に見えるものでもどこかに「広告」あるいは「PR」などの文字が入っている場合があり、この場合には記事ではなく、お金を払い行っている広告であるといえる。5番目の「メディアを通して行うこと」であるが、これは人が直接説明を行うものを含まないということを意味する。送り手となるセールスマンがいて、自社の製品のよさを直接顧客に伝えたとしても、それは**人的販売**とよばれ広告には含まれない。そして最後の「送り手の目標の達成のために行うもの」とは、たとえば自社の製品の名前を覚えてもらうことかもしれないし、ある政党の候補者に投票をしてもらうことかもしれない。送り手は何かの目標のために、メッセージを伝達したり、ターゲットを説得するために広告活動を行っている。

このように広告にはいくつかの要素が含まれており、それらを含むことで広告とよぶことができる。しかし、近年スマートフォンをはじめ多くの新しいメディアが出現し、また自社のホームページ上の動画など必ずしも費用を支払って、広告を載せるものではない広告活動が増えている。これまではテレビやラジオ、新聞や雑誌などの**マス広告**とよばれているものだけが広告と思われがちであったが、その範囲はますます広がっている。またSNSや動画サイトなど私たち自身が新しい広告を創り出すことが可能な時代となっている。

それらのことを表す言葉としてトリプルメディアがあるが、これについては第13章で詳しく述べることにする。

6-1-2 広告の歴史

本章もマーケティングという大きなくくりのなかに含まれている。しかし広告の歴史を見ていくと、マーケティングよりはるかに古い歴史を持っていることがわかる。世界最古の広告は紀元前1000年に古代エジプトの「テーベ」でまかれた「チラシ広告」といわれている。葦の繊維でつくられたB5版大の薄茶色のパピルス紙に書かれたもので、内容は奴隷が逃げたので、捕まえた人には賞金をだすといったものであった。ただし、私たちが一般にイメージするようなマスメディアの広告が出現したのは、現在のような新聞や

雑誌が出現した17世紀といわれている。17世紀初頭にはイギリスで早くも広告を取り扱う広告代理店もスタートしている。

日本においては、江戸時代に歌舞伎のなかで、店などの名前を役者にいわせたり、引き札とよばれた現在のチラシ広告を用い店の広告活動を行っていた。

日本で最初の新聞広告は1867年『万国新聞』に掲載されたものといわれ、またTV広告は1953年の精工舎社の広告であった。その後2016年の日本の広告費は6兆2,880億円にまで成長している（電通［2016］）。

6-1-3 広告の機能

広告が私たちの生活のなかでどのような役割を果たしているのであろうか。広告は経済的、企業の経営的、文化的、社会的など多くの面で私たちの生活にプラス面をもたらしている。一般的には広告を行うことで、広告費が発生し、製品の値段が高くなると考えられるが、広告により製品の値段が下がることも考えられる。広告を行うことにより、購入者が増え、大量生産が可能となることで、コストを削減することができるわけである。また広告は私たちの文化に大きな貢献を果たしている。私たちが日々楽しんでいる民放のTV放送はほぼすべて広告によってまかなわれており、またSNSも多くの部分が広告収入でまかなわれている。同様にオリンピックなどスポーツイベントも広告によるサポートがなければ存在しない状況にある。

しかし、広告がすべてプラスの面ばかりではない。たとえば、とくに必要としないような商品でも面白い広告でつい買ってしまうこともある。また、伝統的な日本語の文化が乱れたり、屋外広告が景観を損ねるといった問題もある。広告には多くのプラス面がある一方、マイナス面も存在しており、それらマイナス面を極力減らし、プラスの面を増やす努力が必要となる。

6-2 広告コミュニケーションプラン

6-2-1 広告戦略

広告を考えるとき、まずTVCMや雑誌広告のなかの絵（ビジュアル）や言

葉（コピー）が浮かんでくるだろう。しかしこれら目に見えたり、聞いたりできるものを考える前に何を伝えるかを決定しなければならない。すなわち**広告コンセプト**を固めることが必要である。実際の広告クリエイティブ案では、何をどのように訴えていくかを決定することがまず大切で、インパクトのある写真を使ったり、耳障りのよいナレーションを考えるだけでは広告の目標を達成することはできない。

空腹を満たすという製品コンセプトを持つチョコレートがあり、ターゲットに対し「いつでもどこでもおなかがすいたときに気軽に食べられるチョコレート」という広告コンセプトを決めたとしよう。広告コンセプトが明確であれば、ビジュアルはおなかがすくことが容易に想像できるサッカーグラウンドであったり、あるいはカラオケをしている場面になるかもしれない。

広告戦略プランを立案するにはいくつかのステップが必要である。効果的な広告戦略を開発するためには、図6-1のようなステップを踏む必要がある。

まず背景分析であるが、海外のビジネススクールなどでよく使われている**3C分析**を用いて考えていくとわかりやすい。マーケティング環境分析は、大きく、外部環境と内部環境の分析に分けられる。このうち、外部環境における①**顧客・市場（Customer）分析**、②**競合（Competitor）分析**、および内部環境の③**自社（Company）分析**を行うことを3つの頭文字から3C分析とよんでいる。

背景となる情報が得られた後は、自社の強み、弱みを外部環境・内部環境で分析整理する**SWOT分析**を行うことが効果的である。SWOT分析は、Strengths（内部的長所）、Weakness（内部的短所）、Opportunities（外部的機会）、Threats（外部的脅威）に分け分析を行う方法である。

これら分析が終わった後は、自社ブランドの課題を整理して**コミュニケーション目標**の明確化を行う。目標が設定された後に、**ターゲット**、**ポジショニング**の設定を行い、戦略が決定される。ポジショニングとは顧客の頭の中で自社ブランドがどのような位置におかれるべきかを決めることである。たとえば「安全性にすぐれた家族のための車」などとなる。

このようにして広告戦略が決定されていくが、広告戦略そのものはTVCMなどの実際の広告の表現には現れてこないものである。しかし、木

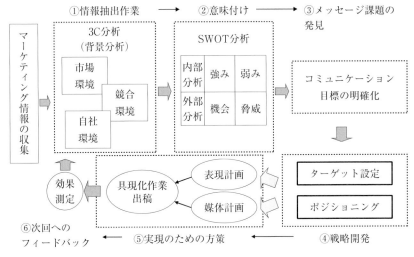

図6-1 戦略的広告プランのフレームワーク

の根がしっかりとしていなければ樹木が倒れてしまうように、戦略がしっかりとしていない広告表現は目標を達成することは難しく、よい広告とはいえない。

6-2-2 クリエイティブプラン

広告の目標、ターゲット、ポジショニングなど戦略が明確となった後に表現アイデアの作成段階に入る。

日本の広告ではタレントを起用する例が多い。ただしビジュアルに含まれるものは、人間だけではない。もちろん商品であったり、動物、風景、ロゴマークや幾何学模様などさまざまなものがある。そしてそれらをうまく組み合わせて広告クリエイティブの中心となるビジュアルである**キービジュアル**を創り上げていくことになる。

またビジュアルと同様、広告クリエイティブの重要な要素となるのがコピーである。テレビやラジオの CM では、伝えられるメッセージの量は限定されており、いかに伝えたいメッセージをコンパクトにまとめ表現するかがよい広告をつくる大きな要因となる。新聞広告や雑誌広告では、もう少し長いメッセージを組み込むことができる。しかしまず目に飛び込んでくるの

は、**ヘッドコピー**とよばれる、その広告のなかで最も大きな文字で書かれたコピーフレーズである。日本ではキャッチフレーズともよばれているが、まずこのヘッドコピーを読んでもらうことができなければ、伝えたい詳細が書かれたボディコピーや、そのボディコピーに誘導するためのリードコピーを読んでもらうことはできない。

　さらに広告のコンセプト、ビジュアル、コピーと並んで広告クリエイティブにとって大切なものとして、**トーン&マナー**がある。トーン&マナーとは広告の雰囲気のことであり、その広告が静かでまじめな雰囲気なのか、にぎやかで明るい雰囲気なのかによって広告の受けとられ方は大きく異なってしまう。たとえば医療品などその信頼性が要求される商品の広告でありながら、お笑い芸人を使い悪ふざけのように訴えかけたのでは、その商品の信頼性は伝わるどころか逆にマイナスのイメージさえもたれかねない。そのようなことからも、どのようなタレントを使うのか、またどのような音楽を使うのかといったことは大きな要素となる。

　このように広告クリエイティブでは、誰に対して、何を、どのようなビジュアルとコピーで、そしてどのようなトーン&マナーで伝えるかをしっかりと決定してから実際の制作作業に入る必要がある。

6-2-3 メディアプラン

　一般的に、企業の広告活動にかかる費用の70〜80％は広告メディアの購入にかかわる費用といわれている。当然ながら、その比率は商品カテゴリーや広告予算でも異なる。しかし日本の広告費が約6兆2,880億円（電通［2016］）であるとすれば、4兆円以上の金額が広告を載せるためのスペースあるいは時間の確保のために使われているわけである。

　クリエイティブ開発とメディアプランのどちらが重要であるのかという質問がある。まったくナンセンスな質問であるが、これまで日本ではどちらかといえばクリエイティブ開発に重きがおかれてきた。広告主が担当広告代理店を決定する場合にも、まずクリエイティブ案の吟味がなされ、最もすぐれたクリエイティブアイデアを提案した広告代理店に広告キャンペーン活動をまかせるといったこともよく行われていたと聞いている。

それは正しいステップなのであろうか。たとえば中学生に対して、大変素晴らしい新聞広告のアイデアを広告代理店が提案したとしよう。しかし、もし中学生が新聞を読んでいなければ、宝の持ち腐れであり、何の意味も持たない状況になってしまう。広告はターゲットとなる消費者に見てもらって初めて価値があるのである。

もちろんクリエイティブ開発よりメディアプランが重要であるといっているのではない。これは一車種の両輪のようなものであり、両方がスムーズに動いてこそ最も大きな効果を生むことができるのである。

メディア活動は大きく分けて、メディアプラン立案すなわち**メディアプランニング**とメディア購入すなわち**メディアバイイング**に分かれる。ただし、どんなに安い広告メディアを確保したとしても、それが広告目標に合致していなければ何もならないわけで、上記の例でいえば中学生向けのキャンペーンでいくら新聞メディアを安く確保できたとしても意味がないことになる。その点からいってもメディアプランニングの重要性は非常に大きい。

メディアプランニングとは広告キャンペーンにおいて、ターゲットに最も効果的および効率的にメッセージを到達させるため、メディア目標や地域戦略、季節戦略などを立案し、どの**メディアビークル**（朝日新聞や少年ジャンプなど実際の媒体を意味する）で、いつ、どのような時間帯に、どのくらいのサイズあるいは秒数で広告を出稿するかを決定することである。

とくにメディアプランニングの要素としてターゲットがどのようなメディアに接触しているかを分析することは大変重要な作業である。また通常、広告活動を行う商品には競合すると思われる商品がある。たとえばアディダスに対するNIKEかもしれないし、コカコーラに対するペプシコーラかもしれない。これら競合商品についてどのようなメディア活動が行われているかを十分に調べることは、自社のプランをより効率的なものにするうえで重要となる。

十分な事前分析が行われた後には、メディア戦略の開発を行う必要がある。まずは、メディア目標の決定である。広告戦略で決められた広告目標、たとえば、**認知率**（どのくらいの人がそのブランドのことを知っているかの率）とか、**購入意向率**（どのくらいの人がその商品を買いたいと思うかの率）といったものを達成

するために、全体のなかのどのくらいの人に広告を見てもらうか（**リーチ**）、何回くらい広告を見てもらうか（**頻度**）を数値で決定する。メディア目標が決定した後は、それに基づき、メディア戦略を立てていくことになる。これにはターゲットの定義、メディア選定、季節戦略、地域戦略、広告量などがある。ターゲットの定義に関しては、メインのターゲットとサブターゲットがいる場合にはどの程度のウエイト付けをするのか、また、ターゲット規定といってもたんに性や年齢といったデモグラフィック変数（人口動態的変数）だけでなく、サイコグラフィック変数（心理的変数）も含む必要がある。

メディア戦略が立案できた後は、実際の実行プランに移ることになる。**バイイングプラン**（メディア購入のためのプラン）とよばれるものは、実際にどのTV局にいつどのくらいの量のTV広告を流すのか、あるいはどの雑誌にどのくらいの大きさの広告をいつ、何回ぐらい流すのかといった具体的なプランを表している。

最後に実際のプランに沿ってメディアバイヤーとよばれる広告代理店のスタッフがTV局や雑誌社などと交渉をして広告のスペースや時間を確保することになる。

また、購入したメディアに本当に正しく広告が出稿されたかをチェックするポストアナリシス（事後評価）という作業はぜひ行うべきである。このことによって、次回のメディア購入活動の大きな情報が得られ、循環型の業務を行うことができるのである。

グループワークのための研究課題

1. 雑誌広告を集め、その広告表現について企業はどのようなことを伝えようとしているかを分析しよう。また、他の人にも同じ広告の分析をしてもらい、比較してみよう。
2. 好きなブランドを選び、広告コミュニケーションプランを作成してみよう。
3. 最近見た好きな広告をひとつあげ、どのような点が気に入ったのかを分析しよう。実際その商品を購入したかを考え、買わなかった場合にはなぜ買わなかったのかを考えてみよう。

第7章 セールス・プロモーション論Ⅰ

　どんなに商品やサービスがよくできていたとしても、それだけの理由で厳しい競争のある市場で生き残っていけるわけではない。マーケターは、プロモーションを通じて、潜在的な買い手に向けた情報提供や説得活動を行い、買い手の意見に影響を与えたり、何らかの反応を引き出そうとしている。プロモーションの要素には、広告、パブリック・リレーションズ、セールス・プロモーション、人的販売などが含まれる。他のプロモーション活動と比べて、セールス・プロモーションは短期的に用いられ、即時的な反応を引き出すことを目的としている。セールス・プロモーションには、最終消費者に向けたもの、流通業者に向けたもの、企業の従業員に向けたものなどがある。本章では、消費者向けのセールス・プロモーションを中心に見ていくことにする。

7-1　セールス・プロモーションとは

7-1-1　セールス・プロモーションの定義

　セールス・プロモーション（sales promotion：以下SPと略す）という言葉には、さまざまなとらえ方がある。広義には、4Pのひとつであるプロモーション（promotion）を指す。AMA（アメリカ・マーケティング協会）によればSPとは、「試用の刺激、消費者の需要増加、製品の利用可能性の向上を目的として、消費者、小売業者、卸売業者に対し、事前に決定された限られた期間で展開されるメディアや非メディアを用いたマーケティング活動による圧力」とある。これが狭義のSPであり、本章で念頭におくものである。

　本章ではSPを「短期的な購買頻度や購買数量の増加、あるいは競合からのスイッチングを促すために、価格や他の**インセンティブ**（incentive）を提供するマーケティング活動」と定義する。広告が商品や企業の認知やイメージを高め、長期的な効果を期待するのに対して、SPは短期的な売上の確保を

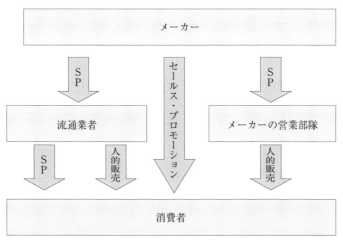

図 7-1　セールス・プロモーションの範囲

主眼においている。

　SP は、製造業（以下、メーカーとする）や流通業者だけでなく、ツーリズムやフードサービスといった幅広い業界において展開されている。プロモーション活動は、物的な商品を扱う取引構造を用いて説明されることが多い。メーカーから流通業者に向けて行われる SP を**流通業者向けプロモーション**（retail promotion）といい、メーカーおよび流通業者から消費者に向けて行われる SP を**消費者向けプロモーション**（consumer promotion）という。また、メーカーから営業部隊に向けて行われる SP もある（図 7-1 参照）。

　SP で用いられるインセンティブには、価格政策と結びつけて考えやすいものと、そうでないものがある。たとえば、値引、クーポン、購入・販売後の払い戻しやリベートは、インセンティブを価格に置き換えて考えられる。500 円の商品を購入するのに 50 円引きのクーポンを用いて購入すれば、購入金額は 450 円になる。消費者は、クーポンを利用するにあたって、金銭的な便益を SP に期待している。このような SP を**価格型プロモーション**（price promotion）という。

　一方、ノベルティや景品をつけるプレミアムや賞品が当たるコンテストなどは、インセンティブを価格に置き換えて考えにくい。たとえば、飲料の

パッケージに付いているシールを何枚か集めて送ると賞品が当たるといったキャンペーンを考えてみよう。賞品が実際に販売されているものの場合、金額に換算できるかもしれない。しかし、購入する場合と異なり、確実に当たるかどうかはわからない。SPへの参加は商品の購入が前提条件となることが多く、結果を待つまでの時間的なコストなども含めると、単純に価格に置き換えることは難しい。このようなSPを**非価格型プロモーション**（non-price promotion）という。

　生産者の行う消費者向けプロモーションは、SPの主体が異なるだけで、基本的には流通業者の行う消費者向けプロモーションと同じと考えられる。また、営業部隊向けプロモーションのインセンティブには、販売や契約などの実績にともなったボーナス、賞品としてのギフト、賞品としてのサービスなどがある。

7-1-2　セールス・プロモーションの動向

　SPは、1980年代の米国において、SPが非常に盛んに行われるようになったとされる。現在は、日本でもSPが盛んに行われるようになっているが、その背景には消費者が接するメディア環境の変化、流通業における情報化の進展、市場における短期的指向の高まり、などがある。

　1980年代の米国では、ケーブルテレビ（以下、CATV）の急速な普及によって**多チャンネル化**が進み、日本の地上波放送局にあたる三大ネットワークとよばれる地上波放送局（ABC、CBS、NBC）の視聴率が急速に低下した。日本では、2011年にテレビのデジタル化が完了したものの、米国よりもCATVの普及率は低い。しかし、1990年代後半にパソコンによるインターネットへのアクセスが普及し、2000年代に携帯電話やスマートフォンなどでもインターネットにアクセスできるようになった。消費生活の多様化は、情報収集活動でもあるメディアへの接触行動にも影響を与え、テレビや新聞に代表されるマスメディアを活用した広告だけでは、消費者に情報を届けることが難しくなった。

　マーケティング活動に対する費用対効果の**説明責任**（accountability）も、重要視されるようになり、即時的な効果のつかみにくい広告よりも売上など

の効果が見えやすいSPが好まれるようになった。広告主は、マスコミ広告に割り当てていた費用をSPにも割り振るようになった。企業によるスポーツ・イベントやコンサートなどの**スポンサーシップ**（sponsorship）も含めて考えると、広告費の比率は相対的に下がっていることになる。

　チェーンストアやフランチャイズといった小売組織の発達と流通業における情報化の進展により、小売業者は生産者に対して従来よりも強い購買力を持つようになる。それまでの小売業者は、生産者による広告や消費者向けプロモーションに頼って、メーカーの製造した商品を販売するという側面が強かった。しかし、商品についての情報と購買力を高めることによって、生産者と小売業者の力関係は大きく変化した。価格設定権が生産者から流通業者へとシフトしたのである。その結果、SPのなかでも流通業者向けプロモーションの比率が急速に高まった。商品についたバーコードをスキャナで読みとる**POS**（point of sales system）**システム**の導入により、流通業者は商品管理や仕入政策を迅速に行えるようになった。商品を1個ずつ管理できるようになったおかげで流通業者は、売れ筋や死に筋の見きわめを以前よりも短い期間で行えるようになる。流通業者は、短期的な成果に焦点を当てるようになり、SPを利用する傾向が強くなった。

　流通業者が短期的な視点に焦点を当てるようになったことは、買い手である消費者にもさまざまな影響を与えることになった。メーカーは長期的な視点から商品を開発するのではなく、短期的に成果の上がる商品を多く導入する傾向を強めていった。その結果、市場には非常に多くの商品が投入されるようになり、競争が進んだ。競争に生き残るために投入されたSPは、価格志向の消費者を生み出すことになり、自分の気に入った商品を使い続けることよりも、価格の低い商品やSPが実施されている商品を手にする消費者が出てきた。

　さらにSPの増加は、SP志向の消費者を増やすことになる。SPには購入数量や購買頻度に応じてインセンティブが与えられるものがある。消費者がSPを使いこなすためには、SPの仕組みを理解してもらう必要がある。流通業者によるSPの多用により、消費者はSPの仕組みに慣れていった。このように購買行動において、何らかのインセンティブを期待する消費者は、

ディールプローン (deal prone) ともよばれる。消費者による SP への反応が高まったことで、マーケターはさらに SP を用いる傾向を強めている。

7-2　消費者向けセールス・プロモーション

　消費者向けセールス・プロモーションの多くは、流通業者によって展開されている。流通における消費者向けプロモーションの役割は、消費者を自社の店舗に引きつけることにある。その意味で SP は広告と同様に、消費者への**プル**として機能している。具体的には、商品試用の促進、販売数量や購買頻度の増加、ブランドスイッチや買い控えといった行動面での変化、特定のセグメントへのターゲティングなどがあげられる。近年では、メーカーによる SP も行われるようになってきた。SP にはさまざまな種類があり、広告や人的販売とも組み合わされているが、先に述べた分類に従い、価格型プロモーションと非価格型プロモーションに分けて説明することにする。

　日本では、**不当景品類及び不当表示防止法**（以下、**景品表示法**）によって、顧客を誘引するための手段として、事業者が自己の供給する商品・サービスの取引に付随して提供する、物品、金銭その他の経済上の利益は景品と見なされている。これによって、景品による事業者間の過度の競争が、商品やサービスの本質的な競争に影響を与え、消費者の不利益につながらないように規制している。景品の限度額や想定する売上における割合を決めた総額規制などがある。

7-2-1　価格型プロモーション

1) 値引き

　値引きとは、対象商品の価格を一時的に下げることである。したがって、ディスカウンターの低価格戦略とは区別して考える必要がある。値引きは、在庫整理などの場合を除いて、メーカーとの協力の下で行われることが多い。通常の価格からの値下げは、同じ価格で内容量を増やしたボーナス・パックと同様に、インセンティブの価値を消費者に直接的に訴えることができる。

　流通業者の折込チラシなどでは、採算を度外視した価格の商品がでてくる

ことがある。このような価格設定は、値引きをした商品による利益ではなく、店舗へ消費者を誘引することを目的としたものである。このような値引きを**ロス・リーダー**（loss leader）といい、値引きされる商品自身もロス・リーダーまたは**おとり商品**とよばれる。

2）**クーポン**

　クーポンとは、ある商品や店頭での購入に対しての値引きやサンプル提供などを保証した証書である。消費者は、レジなどでクーポンを示すことにより、値引きなどを受けることができる。クーポンの目的は、価格に敏感な消費者に、購買量の増加や試用などを促進することである。アメリカでは流通業者を中心に展開されている最も一般的な SP である。日本では外食産業で用いられることが多かったが、近年では流通業者や旅行業などのサービス産業でも広く用いられるようになっている。

　広告などと組み合わせることができるので、クーポンはたんなる値引きよりも応用範囲が広く、さまざまな配布方法がある。印刷広告に付けたものをクーポン広告、パッケージの外に付けたものを**オンパック・クーポン**（on-pack coupon）、パッケージの中に封入したものを**インパック・クーポン**（in-pack coupon）などという。この他にも、DM で届けたり、棚に置いたり、レシートの裏に印刷するなどの方法がある。また、生産者の提供するクーポンを**マニュファクチュアラーズ・クーポン**（manufacture coupon）あるいは**メーカー・クーポン**といい、小売業者の提供するクーポンを**ストア・クーポン**という。

3）**キャッシュバック**

　キャッシュバックは、払い戻しともよばれ、メーカーによって実施される。クーポンが購入時点に用いられるのに対して、キャッシュバックは消費者が賞品の購入後に領収書などの購買を証明する書類をメーカーに送付することによって、現金為替などが受け取れるといった仕組みである。メーカーとしては消費者に直接値引きを提案できるだけでなく、購入者から直接データを収集することができるというメリットがある。消費者としては、クーポンと異なり、購入前にクーポンなどを用意しなくても、経済的な便益を受けられるというメリットがある。

7-2-2 非価格型プロモーション

1）プレミアム

プレミアム（premium）とは、商品の購入やSPへの参加に対して消費者に提供される景品、あるいは景品を提供する活動で総付景品やベタ付け景品ともよばれる。プレミアムの提供には、パッケージの外に付ける**オンパック・プレミアム**、パッケージの中に封入する**インパック・プレミアム**などが一般的で、購入者全員を対象にしている。トイレタリーでは、シャンプーのパッケージに旅行用のミニボトルを付けたり、歯磨きのパッケージに歯ブラシを付けるなどの方法がとられている。

2）懸賞（コンテスト、スイープステークス）

懸賞には、自社商品の購入を条件とする**コンテスト**（contest）と商品購入を条件としない**スイープステークス**（sweepstakes）がある。また、メーカーと流通、特定の地域の商店街や百貨店といったように、複数の企業が主体となる場合を共同懸賞という。コンテストは、SPの対象が購買者に限られることからクローズド懸賞ともよばれ、クイズに答えたり、シールを集めたりといった条件を満たしたものが参加でき、提供されるインセンティブは景品表示法の景品と見なされる。スイープステークスは、SPの対象を購入者に限らないことから**オープン懸賞**ともよばれている。

日本では、プレミアムの景品も懸賞の賞品も、まとめてプレミアムとよばれることが多い。懸賞によって提供されるプレミアムは、商品の金額よりも高額なモノが選択されることが多い。懸賞の額は法律などによって規制されていることが多いが、スイープステークスの方が高額な賞品が提供される。日本では、オープン懸賞の上限は2006年までは1千万円に設定されていたが、現在は上限が撤廃されている。過去には、現金、宝石、自動車が提供された例もある。オープン懸賞で提供されるプレミアムは、対象商品よりも高額である場合が多く、消費者の関心が購買よりも懸賞に向いてしまうことがあるので注意しなければならない。

3）サンプリング

サンプリング（sampling）とは、製品の試用を促すために、実際に販売されている製品や試供品（サンプル）を消費者に配布する活動である。購買を

ともなわないので、サンプリングは、消費者にとって非常に受け入れやすいSPでもある。飲料やお菓子など、単価が安く、購買サイクルの短い製品であれば、試用によるブランドスイッチを期待できる。化粧品やトイレタリーなど、試用期間が長期的な製品であれば、ミニ・ボトルをサンプリングすることで消費者のリスクを軽減することができる。

7-2-3 セールス・プロモーションの課題と可能性

SPは短期的な売上や購買行動へのインパクトを第一の目的としている。しかし、短期的な効果のみに焦点を当ててしまうと、長期的な売上の低下を招くこともある。つまり、SPがあまりにも日常的に行われてしまうと、インセンティブの効き目が弱くなってしまい、さらなるSPがなければ購買を控える消費者が出てきてしまう。SPの期間中だけ販売量が増えても、その後で販売量が極端に落ち込んでしまうこともある。また、消費者に値引きととられるSPは、ブランドのイメージを低下させ、長期的な売上も減少させる可能性がある。

SPは広告や他のプロモーション手段とも組み合わせられることが多いが、さまざまな手段と組み合わせることのメリット、デメリットについても考える必要がある。ブランドのイメージを高めるような広告を展開している横で、ブランドのイメージを低下させるSPを展開していたのでは、キャンペーン全体の効果は期待できない。しかし、広告を通じてSPにうまく消費者を誘導できれば、それぞれを別々に行うよりも効果が期待できるかもしれない。**統合型マーケティング・コミュニケーション（IMC）**の観点に立ち、SPの特性を理解しながら、目的に応じたプロモーション手段の組み合わせを考えていく必要がある。

顧客情報の分析技術を活用したロイヤルティ・マーケティング・プログラムのようなSPの進展も見られる。

ロイヤルティ・マーケティング・プログラム（loyalty marketing program）とは、企業の発行する顧客カードなどを利用し、購買の金額や頻度によって消費者にポイントなどのインセンティブを提供する仕組みである。航空会社のマイレージ・プログラムが代表的なプログラムであるが、日本では流通業

を中心とした業界横断的なプログラムもある。他のSPとは異なり、プログラムに関連する企業との長期的な関係構築が目的となる。スタンプなどを集めて、クーポンと取り替えたり、値引きが受けられる仕組みは従来からあったが、消費者がスタンプを集める手間がかかったりするなど、仕組みを利用するうえでのさまざまな課題があった。情報通信技術の発達により、顧客情報の記録が容易になり、多くの業界で普及するようになった。

　ロイヤルティ・マーケティング・プログラムは、使用者にポイントという値引きに近いインセンティブを与えるが、一方で顧客の囲い込み効果も期待できる。企業からは、顧客の購買履歴を追跡することができ、商品政策や利用者の行動に合わせたSPの実施にも役立てることができるというメリットもある。

グループワークのための研究課題

1. 自分がクーポンを利用した経験を考えて、そのクーポンの目的について考えてみよう。
2. 自分が参加しているロイヤルティ・マーケティング・プログラムがいくつあるか、利用頻度がどうなっているか考えてみよう。

参考文献

Schultz, D. E., Robinson, W. A., & Petrison, L. (1998). *Sales promotion essentials: the 10 basic sales promotion techniques — and how to use them.* McGraw Hill Professional

The AMA Dictionary, https://www.ama.org/resources/pages/dictionary.aspx（2017年11月30日アクセス）

第8章 消費者行動論Ⅰ

第1章で学んだように、現代のマーケティングの本質は、マーケティング・ミックスによって市場に対して働きかけることであり、そのためには企業の働きかけに対する市場——とくに、市場を構成する消費者——の反応を理解する必要がある。マーケティング研究の下位領域である消費者行動研究では、消費者の特性に関する多くの知見が生み出されてきた。本章では、消費者理解のための基礎的な理論や概念を説明する。

8-1 消費者と消費者行動

一般に、「消費者」は製品やサービスの消費や使用を行う人のことを指す。しかしながら、消費者行動研究では、購買する人や購買の意思決定(購買を行うか否か、何を購買するかなどを決定すること)を行う人をも含めて「消費者」と称することが多い。また、本章でいう消費者とは、最終消費者、すなわち、自らが消費または使用することを目的として製品・サービスの購買や消費を行う消費者のことである。

「消費者行動」という用語については、これまでさまざまな定義が付与されてきた。その背景には、消費者行動がきわめて多面的であることや、多くの側面が複雑に影響し合っていることがあげられる。ここでは、多くの研究者に引用されているアメリカ・マーケティング協会(AMA: American Marketing Association)の定義を取り上げよう。それによれば、消費者行動とは「人間が生活における交換という側面を遂行するための、感情、認知、行動、環境のダイナミックな相互作用」である。この定義から、消費者行動が**行動**(「買う」、「使用する」、「店舗に赴く」、「広告を見る」など)という側面だけでなく、**感情**(「好き」、「嫌い」、「満足した」など)や**認知**(「知る」、「考える」など)といった内面的・心理的な側面、さらには消費者を取りまく環境とい

う側面をも含むことになる。

　また、上記の定義では触れられていないが、「消費者行動」という用語について次の2つの点に留意しなければならない。第1に、消費者行動研究は有形財（自動車、スマートフォン、歯みがき粉などのように目に見える製品）だけでなく、無形財（美容院や旅行会社などのサービス）をも扱うという点である。第2に、「消費者行動」は、購買時点を基準として、購買前の行動と購買後の行動とに大別することができるという点である。購買前の行動には、購買に至るまでの情報探索、購買の対象となる製品やサービスについての評価や判断、ブランドの選択、購買を行う店舗の選択などが含まれる。購買後の行動としては、購買した製品またはサービスの消費や使用以外にも、廃棄や保管、再利用などがある。これらすべての側面を含めて「消費者行動」と称する。

8-2　消費者理解の方法

　前節で述べたように、消費者行動には多様な側面が含まれ、それらが複雑に関係し合っているといえる。このように多様で複雑な消費者行動を理解する方法として、消費者行動研究では、おもに「行動修正アプローチ」、「消費者情報処理アプローチ」、「解釈的アプローチ」の3つが採られてきた。ここでは、これらのアプローチについて概観しよう。

8-2-1　行動修正アプローチ

　行動修正アプローチは、マーケティングにおいて最も古くから用いられてきた消費者理解の方法であり、その基本的な考え方は、心理学における行動主義、および新行動主義に基づいている。

　行動主義では、何らかの「刺激（S: stimulus）」（製品やサービスなどに関する情報など）に対して、人間がどのような「反応（R: response）」（購買・非購買など）を示すかに焦点が当てられ、「刺激」によって人間の行動を予測することが目的とされる（図8-1）。たとえば、広告の提示回数を増加させる（「刺激」）と商品の購買確率が上昇する（「反応」）といったような法則を明らかにし、広告の提示回数によって購買確率の予測を行おうとする。行動主義では、「刺

激」を受けた人間の頭の中は「ブラック・ボックス」とされ、それがどのようなしくみになっているか、頭の中でどのような変化が起きているのかについては問題にされない。これは、頭の中のしくみや働きは、外部からの直接的な観察が不可能であり、客観的に理解することが難しいからである。行動主義の考え方に対しては、「刺激―反応」といった単純な図式によって複雑な消費者行動を完全に予測することは難しいという批判や、消費者の購買意思決定過程において重要な役割を果たすと考えられる消費者自身の能力や動機づけを重要視していないといった批判が寄せられてきた。

　これに対して、新行動主義では、「刺激」と「反応」との間に、「生体（O: organization）」が仮定された（図 8-1）。「生体」とは、行動主義において無視された人間の「頭の中」のことである。新行動主義では、「刺激」が直接的に「反応」を生じさせるのではなく、「刺激」が「生体」（すなわち「頭の中」）に対して影響を与え、「生体」の変化が「反応」をもたらすと考えるのである。後に述べる、1969 年にハワード（J. A. Howard）とシェス（J. N. Sheth）によって提唱されたモデルは、この新行動主義の考え方に基づいている。

　行動主義、および新行動主義に基づく行動修正アプローチは、与えられた「刺激」に対してたんに「反応」するだけの受動的な消費者像を前提としている。

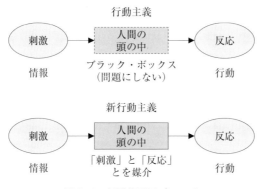

図 8-1　行動修正アプローチ

8-2-2 消費者情報処理アプローチ

　消費者情報処理アプローチは、ベットマン（J. R. Bettman）によって提唱された、現在の消費者行動研究における中心的なアプローチであり、認知科学、とくに認知心理学の影響を強く受けている。

　消費者情報処理アプローチでは、消費者をいわば「情報処理の機械」としてとらえ消費者の「頭の中」でどのような活動（情報処理）が行われているかを説明しようとする。

　消費者情報処理アプローチでは、外部の情報を取得して「頭の中」の「短期記憶」に送る「**感覚受容器**」（目や耳など）、過去の経験から得られた知識（内部情報）が保存される「**長期記憶**」、および「感覚受容器」からの情報と「長期記憶」からの情報が統合される「**短期記憶**」があると仮定される（図8-2）。消費者は、たんに外部情報を受容するのではなく、外部情報と内部情報とを短期記憶内で統合し、行動に至る。

　消費者情報処理アプローチは、消費者を刺激に反応する受動的な存在ではなく、自ら目標をもち、それを達成しようとする能動的な存在としてとらえる。また、それ以外にも、消費者の記憶の役割を重視する、消費者の動機づけ要因としての「関与」、および能力要因としての「知識」の影響を重視する、消費者の情報処理能力には限界があると仮定している、といった特徴をもつ。

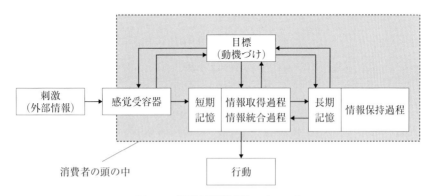

図 8-2　消費者情報処理アプローチ

出典：中西正雄編著『消費者行動分析のニュー・フロンティア』誠文堂新光社、1984年、p.122 を改変。

8-2-3 解釈的アプローチ

　解釈的アプローチは、1980年代以降に見られるようになった比較的新しいアプローチであり、哲学、社会学、文化人類学などを理論的な基礎としている。行動修正アプローチや消費者情報処理アプローチは、消費者行動に客観的な法則が存在すると仮定し、それを明らかにしようとする。これに対して、解釈的アプローチは、消費者の主観に焦点を当て、製品やサービス、ブランド、広告などが消費者にとってどのような意味や価値をもつのか、また消費者が購買、使用、消費を通してどのような経験をするのかについて理解することを目的とする。

　以上3つのアプローチの特徴をまとめると表8-1のようになる。

表8-1　消費者行動研究における3つのアプローチ

アプローチ	基礎関連分野	対象	目的
行動修正	行動主義心理学 新行動主義心理学	行動	予測
情報処理	認知心理学	認知過程 （「頭の中」で何が起こっているか）	説明
解釈	記号論 解釈学	意味、価値	理解

出典：阿部周造編著『消費者行動研究のニュー・ディレクションズ』関西学院大学出版会、2001年、p.2 を改変。

8-3　消費者行動の包括的モデル

　8-1で述べたように、消費者行動はきわめて多面的であり、さまざまな要素が複雑に関係している。こうした多面的で複雑な消費者行動を説明するために、消費者行動研究では心理学や社会学をはじめとする学問領域からさまざまな理論や概念が取り入れられてきた。そして、これらの理論や概念を相互に関連づけ、消費者行動研究独自の体系的な理論を構築しようと試みられてきた。そういった取り組みの一環として、多面的で複雑な消費者行動を簡潔に表現した、消費者行動の包括的モデルがある。本節では、それらのうち代表的な2つのモデルを取り上げて説明する。

8-3-1 ハワード＝シェス（1969）のモデル

　行動修正アプローチを代表するモデルが、1969 年にハワード（J. A. Howard）とシェス（J. N. Sheth）によって提案されたモデル（図8-3）である。このモデルは「刺激」とそれに対する「反応」とのつながりに焦点を当てているため、「**刺激―反応型**モデル」とよばれる。消費者は「刺激」（たとえば、品質や価格といった製品やサービスについての情報）を受け取ると、それに対して「反応」（「頭の中」を媒介した何らかの行動）を起こす。「頭の中」は、刺激（「情報」）の受容に関係する「知覚構成体」と取得された情報をもとに意思決定を行う「学習構成体」から構成される。

　現在でも、製品やサービスが低価格の場合や、購買におけるリスクが少ない場合については、このモデルによって説明が可能であるといわれている。しかしながら、刺激に対してたんに反応する受動的な消費者という前提は、製品やサービスの種類によっては必ずしも妥当であるとはいえない。たとえば、自動車、住宅、スマートフォンなどのように比較的に高価なものについては、何らかの刺激に対してたんに反応するのではなく、購買に先立ち時間をかけてじっくりと吟味してから購買の是非を決定するであろう。

　1970 年代前半には、ハワード＝シェス・モデルの有効性を検証する研究も行われ、その結果、消費者が必ずしもモデル通りには行動しないことが明らかにされた。このような批判のなかで登場したのが次にあげる J. R. ベットマンの消費者情報処理理論である。

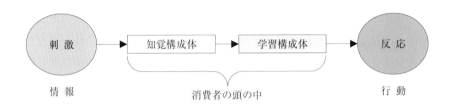

図8-3　ハワード＝シェス・モデル

出典：Howard, J. A. and J. N. Sheth, *The Theory of Buyer Behavior*, Wiley, 1969, p.30 を改変。

8-3-2 ベットマン（1979）の消費者情報処理理論

　消費者情報処理アプローチの代表的な理論として、ベットマンが1979年に提唱した消費者情報処理理論がある（図8-4）。この理論の概略は次の通りである。

　消費者は何らかの「目標」（たとえば、「身体を動かす」、「ダイエットをする」、「健康になる」、「よい人生を送る」）をもち、その目標を達成するために情報探索や情報処理を行う。製品やサービスは目標達成のための手段である。目標は上位の抽象的なものから下位の具体的なものまで階層をなしており、下位の具体的な目標は上位の抽象的な目標の手段となっている。たとえば、「身体を動かす」という目標は「ダイエットをする」という上位目標を達成するための手段となり、「ダイエットをする」という目標は「健康になる」というさらに上位の目標を達成する手段となりうる。マーケターは、消費者がどの水準の目標に対して反応しやすいかを把握し、消費者が反応しやすい目標を広告などによるコミュニケーションにおいて強調することが望ましい。

　消費者は日常生活において多くの刺激（製品、サービス、ブランドなどについての情報）に接触しているが、消費者が注意を払うのはつねにそれらのなかのごく一部にすぎない。このように、外界のあらゆる刺激のなかから、一部の刺激のみに焦点を当てて注意を払うことを選択的注意という。ベットマンによれば、消費者の選択的注意を生起させる要因は次の2つに大別される。ひとつは、消費者が記憶中に保持している目標である。たとえば、「ダイエットを成功させる」という目標をもつ消費者は、店頭のダイエット食品やスポーツ・ジムの広告などに対して注意を払いやすくなるかもしれない。もうひとつは、「驚きをもたらすもの」、「新奇なもの」、「予期せぬもの」といった、刺激側の要因である。たとえば、革新的な機能をもつ製品、極端に低い価格、奇抜なパッケージ・デザインなどに対して、消費者は注意を払いやすくなる。情報取得、評価、意思決定といった情報処理を起動させるためには、上記のような刺激によって消費者の注意を喚起する必要がある。

　刺激に対して注意を払った消費者を購買に導くためには、刺激についての情報取得と評価が適切に生起するように働きかける必要がある。消費者は、たんに外部から刺激を受容するのではなく、情報取得や評価において記憶中

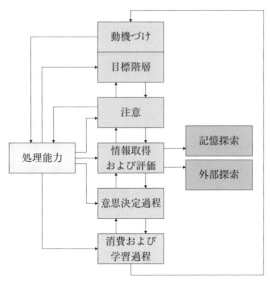

図 8-4　ベットマンの消費者情報処理理論

出典：Bettman, J. R. (1979), *An Information Processing Theory of Consumer Choice*, Addison-Wesley, p.17, Fig.2.1. を改変。

にすでに保持する知識や技能を有効に活用するといわれている。したがって、消費者個人が記憶中に保持する知識や技能の内容によって、情報提供のあり方を適切に変化させることが望ましい。

　消費者は、日常生活において、購買する製品、サービス、ブランドの選択や店舗の選択といったさまざまな意思決定を行っている。意思決定とは将来の自らの行動を決定することである。次節で論じるように、消費者は本来的に情報処理能力に限界をもつため、認知的努力（「頭を使う」努力）を節減するべく、「ヒューリスティックス」といわれる簡便な情報処理によって意思決定を行う。消費者が意思決定に用いる際のヒューリスティックスについては、第15章で詳述する。

8-4　2種類の思考様式

　心理学者のスタノヴィッチ（K. E. Stanovich）とウエスト（R. F. West）は、

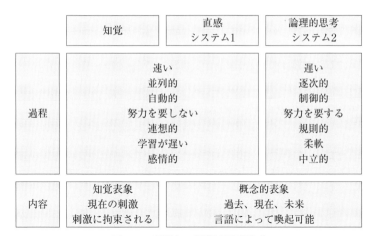

図 8-5　知覚と 2 種類の思考様式
出所：Kahneman, D. (2003), "A Perspective on Judgment and Choice," *American Psychologist*, 58(9), p.698, Figure 1 を一部改変。

人間の思考様式には「システム 1」と「システム 2」の 2 種類があるとする「二重過程理論」を提唱した（図 8-5）。二重過程理論は、2002 年にノーベル経済学賞を受賞したカーネマン（D. Kahneman）をはじめ、多くの研究者たちによって支持されている。

「システム 1」は、「直感」にかかわる思考様式であり、情報処理が高速で、自動的である、複数の処理が並列的に行われる、認知的努力（「頭を使う」努力）をそれほど必要としない、感情が関係する、といった特徴をもつ。

一方、「システム 2」は、「論理的思考」に関係し、情報処理が遅い、情報がひとつひとつ丁寧に処理される、意識によって制御されている、認知的努力を要する、感情にそれほど影響されない、といった特徴をもつ。

心理学や行動経済学における多くの先行研究によれば、人間は、情報処理能力に限界をもつがゆえに、日常生活においてしばしばシステム 1 による思考を行うという。思考は、消費者の情報処理過程のなかで主として情報取得、評価、意思決定において生起すると考えられる。マーケターは消費者がどちらの思考様式によって情報取得、評価、意思決定を行っているかを把握し、思考様式に対応した情報提供を行う必要がある。

グループワークのための研究課題

1. われわれは、日常生活において、どのような消費目標をもっているだろうか。また、その上位目標と下位目標、それぞれの目標を達成する手段となる製品やサービスを具体的にあげてみよう。
2. TVCMや新聞広告などにおける、消費者の注意を引くための具体的な工夫を、ベットマンの所説を参考にしていくつか例示してみよう。
3. われわれは、消費者として、どのようなときに「システム1」によって思考しているだろうか。また、「システム2」によって思考するのはどのようなときであろうか。

参考文献

阿部周造編著『消費者行動研究のニュー・ディレクションズ』関西学院大学出版会、2001年

中西正雄編著『消費者行動分析のニュー・フロンティア』誠文堂新光社、1984年

仁科貞文監修、田中洋・丸岡吉人著『新広告心理』電通、1991年

Bettman, J. R. (1979), *An Information Processing Theory of Consumer Choice*, Addison-Wesley

Howard, J. A. and J. N. Sheth, *The Theory of Buyer Behavior*, Wiley, 1969

Kahneman, D., "A Perspective on Judgment and Choice," *American Psychologist*, 58(9), pp.697-720, 2003

Stanovich, K. E., and R. F. West, "Individual Differences in Reasoning: Implications for the Rationality Debate," *Behavioral and Brain Sciences*, 23, pp.645-665, 2000

第9章　マーケティング・リサーチ論

　マーケティング・リサーチは、マーケティング活動のために必要な情報を体系的に収集、分析、そして解釈する一連の行為である。新市場の探索や新商品開発、販売後のマネジメントまでさまざまなマーケティング活動において活用され、マーケティング戦略の策定や実施管理において意思決定の指針として重要な役割を果たしている。

　新市場の開拓、新製品のアイデア開発、既存のブランドのマネジメントなどそれぞれのマーケティング活動の段階やその課題に応じて、リサーチが扱うテーマは多岐にわたる。扱えるデータの範囲が広がり、リサーチ手法の選択肢が増えた現在、各手法の特徴をよく把握し、マーケティング課題やリサーチ目的に応じて、さまざまに手法を組み合わせて活用していくことが求められる。

　本章では、マーケティング・リサーチの基本的な内容について学ぶ。リサーチの役割や活用例、実施手順について述べた後、代表的な手法である質問紙調査の例を取り上げて、実際の手順に沿って具体的な内容の説明を行う。

9-1　マーケティング・リサーチの概要

9-1-1　マーケティング・リサーチの役割

　マーケティング・リサーチは問題を発見する、あるいは問題に関する仮説を検証することによって課題に対する「答え」あるいは判断の「基準」を得ることを目的とする。マーケティング管理者は、戦略策定や実施管理において発生するさまざまな課題に対してその問題点を見きわめて解決すべく、適切な情報を収集してそれを判断材料に意思決定を行っていく。その際にマーケティング・リサーチが活用されるのである。

　しかし、明確な問題意識がないままデータをとっても判断の指針になるような有効な情報とはならない。マーケティング・リサーチは、マーケティン

グ課題に関して「問い」をたて、それに対する解答を仮説的に設定して、リサーチによって仮説を検証する。課題によって要求される検証の厳密さは異なるが、少なくとも一貫した問題意識をもって調査設計、データ収集、分析に臨むことがリサーチによって的確な情報を得るためには必要なのである。

9-1-2 マーケティング・リサーチの活用例

　企業では実際どのようにマーケティング・リサーチが活用されているのだろうか。メーカーの新製品開発から販売後の点検に至るまでの過程においてリサーチがよく活用されるマーケティング課題をあげ、リサーチの具体例をいくつか紹介していこう。

　新製品の開発段階においては、どういう製品を開発したらよいのか探るためにアイデアやコンセプトを開発したり、市場環境を把握して市場における理想的なポジショニング（位置づけ）とそこで想定されるターゲット顧客を探ったりすることが課題になる。理想的な位置づけをリサーチする際には「ポジショニング分析」が行われる。主要銘柄に対する複数のイメージや製品属性の評価などのデータを用いて消費者の知覚マップを作成し、そこから競合の位置を把握しそれと差別化を図るのである。

　製品コンセプトが固まると、製品仕様、ネーミングやデザイン、さらに広告コンセプトや広告表現といった製品や広告についての具体的なことが販売開始に向けて決められていく。製品仕様の決定においては、試作品を使用させてその受容度をチェックする「製品テスト」を利用することが多い。試作品が消費者に一定の水準以上で受容されることが確認されれば、需要予測を行っていよいよ本格的に生産・販売計画を立てていく。本格的な導入前に地域を限定して販売する「テスト・マーケティング」を行い、市場の反応を確認することもある。

　導入時は広告や販売促進によって知名率やトライアル率を高めることが課題になる。そうした広告効果を測定して広告戦略の方針を確認するほかに、初期ユーザーの満足度を調査したり、販売動向をチェックしたりといったことが行われる。

　その後、ブランドとして成長していく段階では、購入使用実態、製品受容

図9-1 マーケティング・リサーチのプロセス

度、ブランド・イメージ評価、ポジショニング分析、広告効果測定、ユーザー満足度調査などを随時実施し、必要に応じてマーケティング戦略の軌道修正を行う。

9-1-3 マーケティング・リサーチのプロセス

　実際にどのような手順で調査を行えばよいのか、作業ステップについて概観してみよう。調査手法によって作業内容や手順は多少異なるが、手法の種類については後述することとして、ここでは質問紙を用いて調査を行う場合について説明する。

　図9-1に示すように、調査の流れを「準備段階」「設計段階」「実施段階」の大きく3つに分けて見ていこう。企画準備段階では、マーケティング課題を発見し、その定義に沿って調査目的を具体化し、検証すべき仮説を立てる。

　設計段階では、調査目的を実現するためにどのように調査を行うか、データ収集の手法、対象者の条件とその抽出方法、質問内容などについて具体的に計画を立てていく。

　実施段階においては実査作業（データ収集のための一連の作業）を行い、仮説に照らしてデータを分析し、結果の考察をする。それをマーケティング課題に対する提言としてまとめ、報告書やプレゼンテーションによって関係者に伝達する。

　以上のステップに沿って、各段階で具体的に何を行うのかを詳しく見てい

く。

9-2　準備段階

9-2-1　課題の定義と調査目的の具体化

　調査企画に入る前にまずやらなければならないのが、課題の定義と調査目的の設定である。調査の企画に入る前に課題をきちんと定義しておくことはいわば「調査の土台づくり」であり、実は最も重要なステップである。マーケティング課題の定義があいまいであるということは仮説がないということであり、そのまま調査設計に進んでも仮説が検証できるような設計にはならない。つまり質問に無駄や抜け落ちが出てきて、検証に必要な分析ができず、課題に対する有効な「答え」が得られる可能性が低くなるということである。

　また、調査手法は調査目的に応じて選択されるものであり、目的に先行して手法を決めるべきではない。現段階で何が明らかになっていて、調査によって具体的に何をどの程度まで明らかにするのか、それによって調査手法が変わってくるからである。

9-2-2　既存のデータ（2次データ）の検索

　課題が明確になれば、必要な情報は何かが見えてくる。もし官庁統計や業界団体のレポート、あるいは過去に実施された調査の報告書といった既存資料から必要な情報が得られるのであれば、それらの活用によって時間的にも金額的にもコストを低く抑えることが可能になる。しかし目的に沿ったデータがない場合には、新たに調査目的に合わせてデータを直接収集する必要が出てくる。既存資料から得られるデータのことを2次データ、調査目的に合わせて直接収集されたデータのことを1次データとよぶ。

　新たに調査を行う場合にも、2次データが基礎資料として有効に活用できる場合が少なくない。調査設計の前に、2次データを検索し、それを整理・分析してみることは調査の効率を上げるうえで非常に有効である。

9-3 設計段階

9-3-1 目的・機能に応じた調査タイプの選択

　調査目的が具体化したら、いよいよ調査設計に入っていく。調査はその目的や機能によって探索型リサーチと検証型リサーチの大きく2つのタイプに分けられる。

　探索型リサーチとは、課題がまだ明確でない段階で研究対象に対して洞察を深めて問題点を洗い出すため、あるいはアイデアや仮説を得るために探索的に行われる調査である。このタイプの調査では、いろいろな可能性を含めて問題点を探るために、対象への問いかけの内容を絞り込まずに柔軟にデータを収集する**定性調査**（質的調査）が有効である。定性調査とは、対象者に対する質問や回答を比較的自由な形式で行い、その結果を数値（量）でなく言語やビジュアルイメージなど（質）で表す研究手法である。これは、あらかじめ質問文と選択肢を設定するなど、質問の内容と形式を固定して数値で結果を表す**定量調査**（量的調査）と対比される。

　検証型リサーチは課題が明確に認識されている場合にその課題を仮説として検証するために行われるものである。定量調査によって結果を統計的に処理して仮説を検証するのが一般的である。この検証型リサーチはさらに細かく記述型と因果型の2種類に分けられる。

　記述型リサーチは、ある時点の市場の実態を記述することを目的としており、質問紙調査がその代表的な手法である。たとえばブランドの知名、購入経験、好意、購入意向、イメージといった項目を測定し、「ブランドAの知名率は80％、購入経験率は25％……」といったように調査結果から特定の態度や行動をとる消費者の比率や人数を推定する。あるいは、「ある特定のイメージをもつ人の購買意向が高い」「高所得の中高年層において購買経験率が高い」といったように対象者の特性および知覚や態度、行動に関する変数間の関係を明らかにするタイプの調査である。しかし記述型リサーチでは、変数間の関連性の強さ（これを相関という）は明らかになるが、どちらが原因あるいは結果なのかという因果関係までは立証できない。因果型リサーチで

は因果関係を立証するために、一般に実験の手法が用いられる。実験とは、研究対象とする特定の変数以外の変数を統制して、原因とされる変数（これを独立変数という）が結果とみられる変数（これを従属変数という）に与える効果を調べる方法である。

探索型リサーチ、検証型（記述型、因果型）リサーチはそれぞれに特徴があるが、必ずしもこれらの手法のいずれかひとつを選択するということではない。課題が明確でない段階においてはまず探索型リサーチを行い、そこで洗い出された問題について具体的な仮説を立てて検証型リサーチを行うといったように、目的や段階に応じて組み合わせて利用されることも少なくない。

9-3-2 データの収集方法

データ収集の方法は調査目的と密接な関係がある。探索型リサーチにおいては、柔軟な形式でデータを収集する定性調査が用いられることが多い。定性調査の代表的な手法はグループ・インタビュー（集団面接法）とデプス・インタビュー（深層面接法）である。また扱うデータの性質によっては**質問法**や**観察法**においても定性的な分析が行われる。

検証型リサーチの場合は、定量調査によってある特定の仮説を検証する。記述的リサーチでは質問法や観察法が、因果的リサーチでは**実験法**が用いられるのが一般的である。それぞれの手法の特徴について概観してみよう。

グループ・インタビューでは、少人数の均質な消費者を集めて特定のテーマについて座談会形式で討論させて、そこであがってきた反応の分析を行う。デプス・インタビューは、面接者と対象者の1対1で行われ、対象者の無意識の次元まで深く掘り下げて探る手法である。定性調査の場合、質問と回答の形式やプロセスは比較的自由であり、客観性や代表性を指向するものではないので対象者の数は多くなくてよい。対象をリアルにかつ詳細にとらえられる点が定性調査の特色であるが、インタビュアーの力量に結果の解釈が左右されるという難点がある。

質問法とは質問紙などを用いて回答者に質問をして必要な情報を得る方法である。

質問法の長所は収集できるデータの範囲が広い点にある。行動だけでなく、

観察では分からない意図や動機などの意識的な側面についても情報を得ることができる。しかし、記憶の曖昧さ（記憶が正確とは限らない）、意識と行動の乖離（頭で考えた通りに行動に移すとは限らない）、無意識の行動（普段に何気なく行動していることについては説明できない）、言語による説明の難しさ（言葉だけでは説明しにくいことがある）などの限界点も指摘されている。

観察法は質問によらず、観察者が実際の状況において調査目的に関わる事実や行動を取り出して記録する方法である。観察記録の正確さを期すためにビデオカメラや録音機などが併用されることが多い。店舗内の人の動きを記録する動線調査や、人や車の通行量調査の他、ホームウォッチングなども観察法である。

観察法の長所はデータにかかるバイアスの低さである。対象者の動機や態度、意向といった心理的側面は扱えないが、観察現場で起こった事実をそのまま記録するため、行動など目に見える情報は正確に記録できる。

実験法とは、他の条件を統制したうえで独立変数を操作して従属変数への影響を測定することによって、2変数間の因果関係を立証することを目的とする手法である。棚割（商品棚における位置やスペース）を操作することによって売上高の変化を見る棚割実験などがそうである。実験法は実験室内で行う実験室実験と現場で行うフィールド実験に分けられる。実験室実験は条件統制や測定精度の点ですぐれているがリアリティに乏しく、フィールド実験の方が結果を現実の場に適用しやすいという利点がある。

9-3-3 標本のデザインと抽出方法

データの収集方法が決まったら、調査対象とする集団（母集団）を定義して対象者の抽出方法とその人数を検討する。母集団の定義とはつまり対象者の「条件」であり、女性の若年層をターゲットとした化粧品ブランドの調査ならば、たとえば「18歳〜24歳の女性」と母集団を定義する。しかしこの条件に合う人達全員を対象とすることは現実的ではないので、この母集団から一部の人を抽出して調査を実施するのである。この抽出された対象者を標本（サンプル）、一連の抽出手続きのことを標本抽出（サンプリング）という。定量調査の場合は、調査対象者が母集団を代表するものでないと結果の分析

解釈を歪めるので、適切に標本抽出を行うことが求められる。

標本抽出法は、統計理論に基づく確率サンプリングと、それに基づかない非確率サンプリングに分けられる。確率サンプリング法の最も代表的な方法は、母集団のどの要素（調査対象単位）にも等しい抽出確率を与えるランダム・サンプリング（単純無作為抽出法）である。しかし母集団が大きくなると抽出作業に手間がかかるために、これに代わる方法として抽出を2段階に分けて行う2段抽出法がある。これは1次抽出単位としていくつかの都市あるいは地域をランダムに選び、それぞれの地域内から対象者となるサンプル（2次抽出単位）をランダムに抽出する方法である。これ以外にも重要な属性（性・年齢・所得・学歴・職業など）の構成比率に基づいて層別にランダム・サンプリングを適用する層化抽出法、層化抽出法と2段抽出法を組み合わせた層化2段抽出法などが利用されている。

非確率サンプリングは有意抽出法ともよばれる。これは街頭で通りがかった人に調査協力を求めるような便宜抽出法のほか、重要な属性の構成比が母集団と一致するように割当てて抽出する割当法（クォータ法）などがある。母集団から確率抽出する手続きをとらないこれらの抽出方法は、統計学的に精度を評価することが難しい。

9-3-4 質問紙の作成

調査手法と標本デザインが決まったら、質問紙の内容を具体的に検討する段階に入る。質問紙を作成するうえでの課題は大きく次の2点である。ひとつは仮説のなかで抽象的な概念として示される変数を実際にどうやって測定するのか、そしてもうひとつはいかに対象を正確に測定するかという問題である。前者については変数に対して的確な「質問項目」を設定すること、後者については質問に対して誤解なく正確な回答を得られるように質問紙の内容（構成、質問文、選択肢）を対象者の感覚や立場に基づく適切な表現にすることと深く関わっている。質問紙の作成における大まかな手順を以下に示す。

① 仮説に従って具体的な質問項目を決める。
② 質問全体の構成、大まかな流れを検討する。
③ 質問項目について回答形式を決める。

④ 質問項目について質問文と選択肢などの文言を決める。
⑤ 質問紙のレイアウト案を作成する。
⑥ 全体の質問量、質問順を調整する。
⑦ プリテストを実施して見直し、修正する。
⑧ レイアウト案を決定し、印刷する。

1) 回答形式

③の回答形式については、選択肢を用意するプリコード式と、対象者自身に自由な言葉で回答させる自由回答式の大きく2つに分けられる。プリコード式については、選択肢からひとつだけ選ばせるシングル・アンサー（SA）、あてはまる選択肢をいくつでも選ばせるマルチプル・アンサー（MA）、選択肢に順位をつけさせる順位法などがある。

2) 尺度

分析の段階でデータを統計的に処理する際には、どんな「**尺度**」を用いて個々の質問項目に対する反応を測定したのかが問題になる。表9-1に示すように、尺度はカテゴリ形式のものと、数量形式のものがある。前者はさら

表9-1　4つの尺度

カテゴリ形式のデータ	名義尺度	カテゴリ間に順序がない。	便宜的に番号で表現されたもの (例) 性別、職業など 1＝男性　2＝女性 (※ 数字は入れ替え可能)
	順序尺度	カテゴリ間に順序があるがその間隔には意味がない。	順位をきく質問　好きな順位など (例) 旅行したい国の順位 1位フランス　2位イタリア　3位… (※ 数字は入れ替え不可)
数量形式のデータ	間隔尺度	データの間隔に意味があるがデータの絶対的な大きさに意味がない。比例関係は成立しない。	評価などの質問 (例) ○○という意見について… 1＝非常にそう思う　2＝やや〜　3＝どちらともいえない　4＝あまりそう思わない　5＝まったく〜
	比例尺度	絶対原点があるので、データの絶対的な大きさに意味がある。つまり、比例関係が成り立つ。	数量などの質問 (例) 年齢、収入など (※ 収入1000万は500万の2倍といった比例関係が成立)

に名義尺度と順序尺度に、後者は間隔尺度と比例尺度に分けられる。どの尺度によって測定されたデータなのか、それによって分析において使える手法が異なる場合があるため、質問紙作成の時点ですでに分析イメージがある程度までできていなければならない。

9-4 実施段階

9-4-1 データの収集

　定量調査においては、質問紙が確定し標本抽出が終了すると、いよいよ実査作業の段階に入る。調査手法によって作業内容は異なるが、具体的にどのようなプロセスでデータ収集を行うのかについては上田（2010）などを参照されたい。質問紙を回収したら、個々の質問紙の内容を点検し、無記入、対象者の不真面目な回答、論理的な矛盾のある回答などの不備を発見し、訂正する作業を行う。その場で修正の判断ができないものについては、対象者に電話などで確認をとり、修正を行う。ネット調査であれば、電子データで収集されるため、この作業は簡略化が可能である。しかし、同様のチェックを行いデータを"クリーン"な状態にすることは必要である。

9-4-2 データの分析

　データの分析にあたっては市販の統計パッケージを利用するのがよいだろう。コンピュータにデータを入力したらまず単純集計を行って、データの概要を把握することから始める。質問項目のデータ形式が選択肢あるいは順位を答えるタイプのデータであれば各セルの反応値を、金額など数量で答えさせる量的データであれば平均値、標準偏差、最大値、最小値といった基本統計量を算出し、これらの結果を見たうえで改めて詳細な集計プランを立てていくとよい。

　基本的な集計分析として、質問項目どうしを組み合わせることによって2つの質問（変数）の関係を分析するクロス集計について紹介する。

・クロス集計

　　クロス集計は、質問項目間の関係の分析や、ある質問に対する反応を男

表 9-2　クロス集計の例

■　グループ（属性）別の違いを見る場合

	計	○○に関心がある		
		非常にあてはまる	あてはまる	あてはまらない
20代	50人	15人	22人	13人
30代	50人	10人	20人	20人
40代	50人	3人	10人	37人

女別、年代別などグループ間の比較をする場合に有効である（表9-2参照）。

9-4-3　報告書の作成

分析結果を考察したら、結論を報告書にまとめる。データ分析の結果とともに調査以外で得られた信頼性の高い背景情報などを総合して論理的にストーリーを組み立てて結論を導く。ただし、リサーチ結果から直接導けることと、さらにそこから踏み込んで推測されることはきちんと区別して記述するべきである。不確実な部分は無理に結論とせず、たとえば仮説として呈示してさらなる調査の必要性を述べるなどする。

9-5　新しいマーケティング・リサーチの動向

90年代後半以降のインターネット、そしてSNSの普及によって、消費者個人の情報収集力と発信力が高まり、生活スタイルや消費行動も大きく変化した。ICT（情報通信技術）の進化は、リサーチ業界にも変革をもたらし、次々と新しい手法が開発・実用化されている。たとえば、モバイル端末を用いた調査やオンライン・コミュニティを活用した調査、SNS上での自発的な書き込みを収集・分析するソーシャルメディア分析などがあげられる。

他にも、予測市場を消費者調査に活用しようという試みや神経科学の知見に基づき脳波や脳血流を測定することによって消費者の意思決定を理解しようとするニューロ・マーケティングの研究なども行われている。

従来型リサーチの代表的な手法は、質問紙調査（いわゆるアンケート調査）やグループインタビューであり、これらは対象者に直接質問することによって

データを収集するものである。しかしデジタル化が進展した現在は、消費者に尋ねる（asking）のではなくその発言や会話を傾聴する（listening）アプローチが注目されている。また、検索、閲覧、購買といったウェブ上の行動、GPSによる位置情報や移動記録など消費者の活動履歴のデータが自動的に収集・蓄積されるようになった。リサーチが扱うデータや手法は多様化している。新しいテクノロジーも含めて各リサーチ手法の可能性を理解し、目的にあった手法を適切に活用することが求められる。

研究のフロンティア

ニューロ・マーケティング

　近年、脳に関する研究が急速に発展した背景としては、90年代に機能的磁気共鳴影像法（fMRI）などの技術が登場し、非侵襲的な脳活動の計測（脳イメージング技法ともよばれる）が可能になったことが大きいといわれる。fMRIが測定対象とするのは脳の血流であり、同技法は脳活動が活発化した部位を特定することにすぐれ、これによって意思決定と脳部位との関係の解明が進められている。

　ニューロ・マーケティング（neuromarketing）は、その認知神経科学（cognitive neuroscience）の知見や手法をマーケティングに応用したものであり、消費者の脳の反応を計測することで、消費者の内的なプロセスを理解することを目的とした研究分野である。脳活動の測定は、マーケティング・リサーチの手法としても注目され、徐々に実用化が始まっている。

　ニューロ・マーケティングに関心が寄せられる理由としては、従来型のリサーチ手法のみでは消費者行動を十分に把握できないという批判的な意見の高まりがあげられる。アンケートやインタビューで得られるデータは、対象者の曖昧な記憶に基づいており、言語表現に依存している（言葉によって説明できることは限られる、表面的な回答しか得られない）といった点の他、消費者の「無意識」を把握できないという問題が指摘されている。

　行動経済学などの分野において人間の合理性に対する疑問が呈示され、消費者の購買意思決定は、自動的な（本人に意識されない）思考や感情から大きく影響を受けているのではないかという「無意識」や「感情」の問題が注目されるようになった。ニューロ・マーケティングの脳イメージング技法は、その脳内で起きている内

的なプロセスを客観的に測定することが可能であり、消費者の無意識や一瞬の反応をとらえようとするものである。脳内活動の測定以外にも、心拍数や唾液、皮膚電圧、発汗などの生体反応を測定する技術（バイオメトリクスとよばれる）も進んでおり、実用化されている。

　しかし、こうした新技術は、既存のリサーチ手法を代替するものではなく、補完的な役割を担うものになるであろう。測定で得られた数値からは現象がなぜ起きたのかについて知ることはできない。対象者とともに測定結果を見ながら「なぜ起きたのか」理由を聞き出すことによって探るデプス・インタビューなどを併用することによって、より深い洞察が得られる。

グループワークのための研究課題

1. 飲食チェーンの店舗には、卓上に「お客様アンケート用紙」が設置されていることが多い。複数の店を利用して、利用客として各店のアンケートに回答してみるとよい。そのうえで、それぞれの店の質問内容や構成を比較し、各店どのような目的でアンケートを実施しているか考察してみよう。リサーチの目的に沿って、集計・分析計画も立てよう。
2. 身近な製品カテゴリーを取り上げて、当該製品市場についての2次データを収集して市場状況について分析してみよう。

参考文献

上田拓治著『マーケティング・リサーチの論理と技法　第4版』日本評論社、2010年

岸川茂編著『マーケティング・リサーチの基本』日本実業出版社、2016年

ラッセル・ベルク、アイリーン・フィッシャー、ロバート・V・コジネッツ著『消費者理解のための 定性的マーケティング・リサーチ』碩学舎、2016年

第10章　サービス・マーケティング論 I

　マーケティングは伝統的に、消費財メーカーによって行われる対市場活動とされてきた。しかし、GDP に占める第 3 次産業の割合が高まるにつれて、サービス業にも適用可能なマーケティング理論が求められるようになった。それに呼応して、1970 年代以降発展してきたのがサービス・マーケティング（services marketing）という新たな学問分野である。今日、サービス・マーケティングの知見はサービス業にとどまらず、製造業や農林水産業、非営利組織にも有効とされている。本章では「サービス」という概念に焦点を当て、その定義や分類、特性について解説する。さらに、サービス概念についての理解を基礎として、物財（モノ）のマーケティングとは異なるサービス・マーケティング固有の課題やそれへの対応方法についても学んでいく。

10-1　サービスとは何か

　本節では、サービス・マーケティングにおいて、サービスという言葉が 2 つの意味で用いられていることを紹介し、それぞれの意味について事例を交えつつ詳しく説明する。

10-1-1　製品としてのサービス

　ここではまず、サービスとよく似た言葉である**製品**（product）との比較を通じて、サービスのひとつ目の意味を確認していこう。
　製品は、顧客の抱えている問題を解決するための便益の束であり、有形要素と無形要素の組み合わせからできている。有形要素とは、人が見たり触ったりできるものであり、それらをできないものが無形要素である。一般に、有形要素をメインとする製品のことを**物財**（physical goods）、無形要素をメインとする製品のことを**サービス**（services）という。物財は「モノ」ともよ

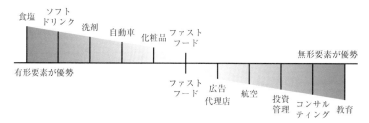

図 10-1　有形要素・無形要素による製品分類

出所：Shostack (1977), p.77。

ばれるため、以下では「モノ」と「サービス」という表記で統一する。

　たとえばスマートフォンは、有形要素である端末本体に、アプリや端末の保証プランといった無形要素が組み合わさってできた製品である。端末本体がなければ、メッセージのやりとりやゲームはできないため、スマートフォンは有形要素をメインとするモノだと考えられる。一方、大学教育は、教員による専門知識の教授といった無形要素と、教室などの有形要素が組み合わさってできた製品である。大学において、専門知識を教授しないことはありえないが、野外実習などのように教室外で行われる授業も存在する。それゆえ、大学教育は無形要素をメインとするサービスだと考えられる。

　このように、有形要素と無形要素のどちらがメインなのかによって、製品はモノとサービスに分けられる。なお、有形要素のみからできているモノや、無形要素のみからできているサービスはほとんど存在しない。図 10-1 は、有形／無形要素の割合に応じて、さまざまな製品を直線上に布置したものである。この図からわかるように、有形／無形要素の割合という視点から見れば、モノとサービスの違いはあくまでも程度の差に過ぎない。それゆえ、両者を厳密に区分することにあまりこだわる必要はない。

10-1-2　無形の活動としてのサービス

　次に、サービスの2つ目の意味について、製品を利用する消費者の視点から考えていこう。

　消費者は、自身の抱えている問題を解決するためにモノやサービスを購入する。たとえば、「体調が悪い」という問題を抱えている人は、ドラッグス

トアで薬を買って服用することもできるし、病院で医師に診てもらうこともできる。また、「おしゃれになりたい」という願望を持っている人は、百貨店で化粧品を買って使うこともできるし、美容院でカットしてもらうこともできる。

　モノの消費では、消費者が薬や化粧品を購入して、それを自分で使用している。一方で、サービスの消費では、支払った金銭の対価として医師や美容師に診察・カットしてもらっている。両者の決定的な違いは、問題解決の主体が「自分」（モノ）なのか「他者」（サービス）なのかという点にある。つまり、サービスの消費とは支払った金銭の対価として誰かに何かをしてもらうこと、すなわち「他者の活動を買うこと」と言い換えられる。

　この「他者の活動を買う」という特徴を踏まえて、サービスを「**一方が他方の問題を解決するために提供する無形の活動であり、所有権の移転はもたらさないもの**」と定義することがある。

　上記の定義に基づくと、サービスは活動そのものであるため、代金を支払った消費者に所有権は移転しないと考えられる。たとえば、自動車というモノを購入した消費者は、それを自分の所有物として好きなときに自由に扱うことができる。一日中愛車を眺めていたり、気が向いたときにドライブに繰り出したり、飽きたら売ってしまうことも可能だ。しかし、交通サービスとしての鉄道を利用する消費者は、「運転」という運転手の活動を一時的に利用しているだけである。代金を支払ったからといって、運転手本人あるいは運転手の技術を自分のものにしたり、誰かに売ったりすることはできない。

　ここで、「製品としてのサービス」と「無形の活動としてのサービス」の関係を整理しておこう。注意したいのは、製品を構成する無形要素にはいくつかの種類がある点だ。「無形の活動」としてのサービスはそのひとつに過ぎない。その他、音楽配信サービスにおける「情報（楽曲）の利用権」やレンタカーにおける「モノ（自動車）の利用権」なども無形要素の一種である。

　「無形の活動としてのサービス」は、「無形要素をメインとする製品としてのサービス」を構成する部品のひとつという位置付けにある。たとえば、交通サービスとしての鉄道は無形要素をメインとする製品に当たるが、それは運転（無形の活動）や列車車両の利用（モノの利用権）、車内の液晶ディスプレ

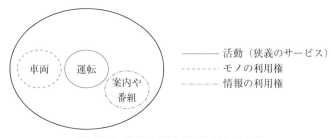

図 10-2　鉄道の利用（広義のサービス）
出所：Shostack (1977), p.76; 山本 (2007), pp.52-57 をもとに筆者作成。

イで配信されている案内や番組（情報の利用権）といった部品から構成されている。このように、サービスという言葉は、製品レベル（広義のサービス）と製品を構成する部品レベル（狭義のサービス）という2つの意味で用いられることがある（図 10-2）。

テキストなどでは、広義／狭義の区別が煩雑であるため、「サービス」とひとくくりにされることも少なくない。しかし、両者の区別を意識することは、サービス・マーケティングの概念や理論を矛盾なく理解するために重要である。次節以降では、サービスの分類と特性について学ぶが、前者については広義のサービスを、後者についてはおもに狭義のサービスを念頭において読み進めてほしい。

10-1-3　サービスの提供者は誰か

サービス・マーケティングは当初、「サービス業のためのマーケティング」を意味していた。その背景には、飲食業や宿泊業、金融業といった第3次産業に属する企業こそがサービスの担い手だという考え方があった。

しかし、今やほとんどの企業（組織・人）が消費者にサービスを提供していると考えられている。とりわけ近年では、サービタイゼーション（製造業のサービス化）やシェアリング・エコノミー（個人の資産やスキルの貸借を仲介するサービス）といったキーワードに象徴されるように、さまざまな企業（組織・人）で無形要素（活動や情報を利用する権利など）を付加価値の源泉として積極的に活用する動きが加速している。

10-2 サービスの分類

本節では、サービスの分類について説明する。ここで紹介するのは、C. Lovelock による分類である。彼は、①サービスの対象（「人」または「モノ」）、②サービスの対象に物理的影響の有無（「あり」または「なし」）という2つの軸を組み合わせて、サービスを4つに分類している（表10-1）。

第1のグループは、身体を対象とするサービスである。ここには、病院、旅客輸送、美容院、レストランなどが含まれる。このサービスの場合、消費者はサービス提供が行われる場所（**サービス工場**）にいなければ、便益を享受することができない。したがって、店舗の立地や営業時間といった利便性に関わる点が重要になる。また、顧客はサービス提供が行われている間サービス工場にいなければならないため、そこで経験する従業員とのやりとりや施設・設備の良し悪し、その場に居合わせる他の顧客の振る舞いなどがサービスの評価を大きく左右することになる。たとえば高級レストランでは、従業員の気遣いや内装のセンス、周囲の顧客の雰囲気などが重視される。

第2のグループは、所有物を対象とするサービスである。ここには、貨物輸送、修理、清掃、クリーニングといったサービスが含まれる。サービスの

表 10-1　生産・提供プロセスに注目したサービス分類

		サービスの対象	
		人	モノ（人の所有物）
サービスの対象への物理的影響	有形の行為	身体を対象とするサービス ・病院 ・旅客輸送 ・美容院 ・レストラン	所有物を対象とするサービス ・貨物輸送 ・修理 ・清掃 ・クリーニング
	無形の行為	精神を対象とするサービス ・教育 ・放送 ・情報サービス ・映画館	無形資産を対象とするサービス ・銀行 ・法律サービス ・会計サービス ・保険

出所：Lovelock (1983), p.12（一部修正・加筆）。

開始時と終了時にはサービス工場に行く必要がある場合が多いため、身体を対象とするサービスと同じく立地や利便性が重視される。

　第3のグループは、精神を対象とするサービスである。ここには、教育や放送、情報サービス、映画館など、人の内面（心や頭）に働きかけるサービスが含まれる。ここに含まれるサービスは、モノという形にして提供することも可能である。たとえば、学校で教員が教育を施す代わりに、通信教材というモノを提供しても同様の教育効果が期待できる。

　第4のグループは、無形資産を対象とするサービスである。ここには、銀行、法律サービス、会計サービス、保険といったサービスが含まれる。人のもつ無形資産（銀行口座、著作権）などに対するサービスである。このサービスは、所有物を対象とするサービスとは異なり、物理的なやりとりが生じない。そのため、サービス工場を設けず、オンラインバンキングのように、サービス提供プロセス全体をインターネットに移管することもできる。

　上記のような分類を行うメリットは、一見すると自社とは関係のないサービスからも、マーケティングのヒントを得られるという点である。たとえば、身体を対象とするサービスに着目すると、病院で働く人々は、同じ病院業界のみならず、レストランや旅客輸送、美容院などで行われているすぐれた実践をお手本にすることができる。接客方法や建物の設備、顧客を待たせないための予約システムなど、他業種から学べる点は少なくないはずである。

10-3　サービスの特性

　サービスには、①**無形性**（intangibility）、②**異質性**（heterogeneity）、③**生産と消費の不可分性**（inseparability）、④**消滅性**（perishability）という4つの特性がある。これらは英単語の頭文字をとって「IHIP」ともよばれる。IHIPは、人を対象にした無形の活動をメインとするサービスにとくによく当てはまる。

10-3-1　無形性

　消費者はモノを買うときに、デザインを見たり、匂いを嗅いだり、五感を駆使してその品質を判断している。一方で、サービスの場合には、そうした

五感を用いた判断はできない。たとえば、医師の「診察」やホテル従業員の「気配り」に、色や香りは付いていないだろう。このように、サービスが物理的な実体をもたないという特性は無形性とよばれる。

　無形性という特性ゆえに、サービス・マーケティングでは**知覚リスク**（perceived risk）の軽減という課題が生じる。知覚リスクとは、その製品が期待している性能を発揮するのか、支出する金額にみあうものなのかといった消費者が購買前に抱く不安のことである。

　消費者は通常、購買前の情報探索によって知覚リスクを低減させる。服であれば、試着したり、素材を確かめたりすることによって不安を解消できる。このように、購入前の情報探索によって品質を確かめることのできる製品を**探索財**（search goods）とよぶ。探索財の多くはモノである。

　一方で、サービスの多くは、見たり触ったりすることができないため、そうした購入前の情報探索が難しくなる。ホテルや航空サービスのように一度経験してようやく品質がわかる**経験財**（experience goods）もあれば、手術のようにサービスを経験した後ですら品質判断が困難な**信用財**（credence goods）も少なくない。これらは探索財と比較して、消費者の知覚リスクが高くなりやすい。それゆえ、消費者にサービスの購買を決断させるためには、何らかの対応が必要になる。ここでは2つの有効な方法を紹介しよう。

　第1に、**物的証拠**（physical evidence）の提示である。消費者は、直接観測できないサービスの品質を、観測可能な手がかり（物的証拠）に基づいて推論する。たとえば、病院の建物や医師の風貌に清潔感があれば、医療サービスの水準品質も高いと考えるようなことである。それゆえ、自社のサービスが経験財や信用財に相当する場合には、適切な物的証拠を提示するのが効果的である。

　第2に、**サービス保証**（service guarantee）の実施である。顧客が満足できる水準のサービスを提供できなかった場合、返金することをあらかじめ周知しておくことである。これによって、顧客は安心してサービスを利用できる。

10-3-2 異質性

　モノの場合には、品質管理の徹底された工場で、一定水準を満たしたもの

だけが出荷されるため、品質にバラツキは出にくい。一方で、サービスは従業員による活動であるため、注射の得意な医師もいれば、苦手な医師もいるといったように、誰がサービス提供を行うのかによって品質にバラツキが出る。また、同じサービス提供者であっても、その日の気分や体調、顧客との相性といったさまざまな要因によって品質は変動しうる。こうした特性を異質性とよぶ。

異質性を最小化するためには、マニュアルなどを活用したサービス内容や提供方法の標準化が有効である。これを**サービスの工業化**（industrialization of service）とよぶ。たとえば、ファストフードでは、全国どこでも同じメニューが同じ注文方法で食べられるが、これはサービスの工業化の好例といえよう。一方で、異質性をポジティブにとらえ、顧客のニーズに応じた個別対応の域にまで高めるという方針もありうる。この場合には、従業員が状況に応じて自ら判断して動けるようにする権限を与えることが有効である（詳細は第16章）。

10-3-3 生産と消費の不可分性

企業（従業員）によるサービスの生産と顧客によるサービスの消費は同時に行われ、切り離すことができない。この特性を、生産と消費の不可分性とよぶ。音楽教室の場合、あらかじめ教師がピアノの指導を用意しておいて、それを生徒が好きなタイミングで利用するといったことはできない。両者が同時に集まって、教える／教わるという経験を共有する必要がある。その意味で、顧客はサービスの**共同生産者**（co-producer）ともいえるだろう。

共同生産者という立場におかれた顧客は、サービス提供者とともにすぐれたサービスの生産に責任をもつことになる。たとえば、ピアノが上手くなりたければ、教える側だけでなく教わる側の練習も不可欠であるし、ダイエットに成功したければジムのトレーナーの指導をしっかりこなす努力が求められる。サービス提供者も、そうした事情を顧客にきちんと理解させ、顧客が望ましい行動をとるよう動機づけたり、不適切な行動をとらないよう制御しなければならない。

10-3-4 消滅性

　サービスはモノとは異なり在庫しておくことができないという特性をもつ。これを消滅性とよぶ。たとえば、航空サービスの場合、閑散期に生じた空席をとっておいて、ピーク時に余分に提供するといったことはできない。同じく、今日は予約が入らなかった美容師のカットを保存しておいて、明日提供するといったことも不可能だ。多くの場合、供給能力は固定的である（飛行機の便数や美容師の人数を増やすのは難しい）一方、需要は大きく変動する。そこで重要になるのが、需要と供給のマッチングである。

　このために有効な方法は、①時期・時間帯別価格設定、②オフピーク時の需要拡大、③予約システムの導入などである。①はたとえば、飛行機の価格設定などに見られる。大型連休などには価格を高く設定して需要を抑制する一方で、その他の閑散期には比較的低く設定して、サービス利用をうながしている。②では、カラオケが平日昼間のアイドルタイムにビジネスマンに部屋を貸し出し、オフィスの代わりとして利用してもらうといった例がある。③は映画館や飲食店など幅広い業種で行われている。事前に需要を確定させることで、ピーク時の需要を一定に抑えつつ、ピーク時の予約からあふれた人々にオフピーク時の利用をうながすことも期待できる。

グループワークのための研究課題

1. 身近なサービスのなかからひとつ選び、それがLovelockの分類のどれに当てはまるか考えてみよう。また、そのサービスにはどのような無形要素が含まれているか考えてみよう。
2. サービタイゼーションやシェアリング・エコノミーの例を新聞やインターネットなどを使って調べてみよう。

参考文献

山本昭二（2007）『サービス・マーケティング入門』日本経済新聞出版社

Lovelock, C. H. (1983), "Classifying Services to Gain Strategic Marketing Insights," *Journal of Marketing*, 47(3), 9-20

Shostack, G. L. (1977), "Breaking Free from Product Marketing," *Journal of Marketing*, 41(2), 73-80

第11章 ブランド・マーケティング論

　本章では、ブランドについて説明する。ブランドやブランディングは、多数の企業がさまざまな製品を出している現代において、差別化するための源泉である。ブランドを定義することは難しいが、ブランドは「信頼の証」として機能する必要がある。ブランドは、企業や製品につけられた名前やそれを表す図形や記号のことである。しかし、名前をつけたり、図形や記号をデザインすればブランドになるかというとそう簡単ではない。ブランドは地道に信頼を積み重ねる必要がある。
　本章では、ブランドの意味や機能、ブランドのつくるために必要な要素、ブランドをロングセラーに育てるための考え方を理解することを目的としている。

11-1　ブランドの機能

11-1-1　商標としてのブランド

　ブランドを定義するのは難しいが、法律的に定義すれば「**商標**」となる。商標とは、商品や役務（サービス）に使用される文字や図形、記号、立体的形状と色彩を合わせたものである。Googleや宅急便は文字商標、NIKEのスウッシュやハローキティは図形商標、トヨタ自動車の楕円3つの組み合わせや三菱のスリーダイヤモンドは記号商標、コカコーラやヤクルトのボトルは立体商標である。

　日本の商標は、先願主義が採用されており、先に申請を出した方に審査の優先権がある。たとえば、上野動物園はパンダの名前「ランラン」「カンカン」を公表してから、商標出願をしたが、先に出願されていたため、上野動物園はぬいぐるみなどに「ランラン」「カンカン」の名前の商品を販売できなかった。最近では東京スカイツリーの中国語表記「東京天空樹」が先に出願されていたため、「東京晴空塔」が使用されている。

11-1-2 ブランドの機能

ブランドの種類には、**企業ブランド**と**製品ブランド**がある。企業ブランドは資生堂、ソニー、ホンダ自動車、キヤノンなどである。製品ブランドは、資生堂であれば、「マキアージュ」「マジョリカマジョルカ」「インテグレート」「アクアレーベル」などである。

ブランドをたんなる商標だとすれば、こうした名前や記号をつければ企業や製品はすぐにブランドになってしまう。しかし、マーケティングで用いるブランドの意味は違う。そのため、たんなる名前や記号ではないブランドが果たすべき機能がある。

まず**保証機能**である。製品が誰によってつくられたのか責任の所在を明示する機能である。機能性表示食品は、消費者庁が認可する特保とは異なり、企業の責任で科学的根拠を示す必要がある。たとえば、「ガセリ菌 SP ヨーグルト」は雪印のブランドであるため、ガセリ菌 SP 株が内臓脂肪を減らすのに効果的であるという効果についての責任が明確化される。

次に**識別機能**である。他の製品と区別を可能にする機能である。ブランドは自分の牛を識別するために焼印をつけるという用語の「burned」から派生したといわれている。似たようなスプレータイプの消臭剤であっても、ファブリーズ、リセッシュ、ハイジアというブランド名のおかげで私たちは区別することが可能である。また、品質の理解にも役立つ。野菜や果物は1個1個の形や大きさが異なっているが、「ドール」というブランドがあれば、多少の違いがあっても品質が同程度であることが理解できる。

最後に**想起機能**である。ブランドをつけることによって企業や製品・サービスに対する感情やイメージを思い出させる機能である。Appleといえば「シンプル」「創造的」、ダイソンといえば「吸引力の落ちない掃除機」といったイメージをブランドは思い起こさせることができる。

11-2 ブランドのつくり方

11-2-1 ブランド・エクイティ

保証機能や識別機能は名前をつければ効果があるが、想起機能は一朝一夕

で効果が発揮されるものではない。ブランド・イメージが強く好印象でなければブランドに価値はないといえる。

ブランドは名前や記号であるが、ブランドを資産とする**ブランド・エクイティ**という考え方がある。ブランド・エクイティとは、ブランドのイメージや知名度、知覚品質、ブランド連想などを総合したブランドの総合力を示す概念である。

11-2-2 信頼の証としてのブランド

ブランドの機能やブランド・エクイティに基づけば、ブランドは「信頼の証」と定義できるだろう。ブランドは「このブランドを買えば間違いない」といった安心感を与えることができるようにしなければならない。

以前は、信頼のお墨付きは「王室御用達」によって与えられ、それがブランドだった（山田 2006）。たとえば、エルメスはフランス王室御用達の馬具メーカー、バーバリーは英王室御用達であった。日本でいえば、皇室御用達や宮内庁御用達である。また、三井・三菱・住友・安田といった財閥もブランドといえる。

11-2-3 ブランド・ロイヤルティ

現代では、信頼を積み重ねることで、お墨付きを得られなくともブランドをつくることができる。ブランドをつくることは容易ではないが、ブランドをつくるためには、ブランドの「ファン」を増やすことが必要である。

顧客は特定の企業の製品やサービスを繰り返し購買すると、ブランドに対して愛着をもち、品質や機能に満足をすると信頼をもつようになる。こうしたブランドに対する愛着を**ブランド・ロイヤルティ**という。ロイヤルティ（loyalty）は忠誠心である。

ブランド・ロイヤルティを形成するためには、**顧客満足度**（Customer Satisfaction）を高める必要がある。顧客満足度が高ければ、同じ製品や同じブランドの購買を繰り返し行うリピーターになってくれる。繰り返し購買し、使用することでブランドへの好意的な態度が形成され、ロイヤルティが高まる。

ブランド・ロイヤルティの高い優良顧客は企業の重要な収益源でもある。優良顧客の重要性については、パレートの法則で説明される。80：20の法則ともいわれる。パレートの法則はマーケティングに限らず、さまざまな領域で用いられるが、マーケティングに適用すると、「企業の収益の80％は20％の優良顧客によって生み出されている」という経験則になる。

　ブランドをつくるためには、ブランドの品質や機能、イメージを向上させることで、顧客の信頼を勝ち取り、ブランドのファンをつくる必要がある。顧客満足度を高め、ブランド・ロイヤルティを高めることによって、企業の収益も上げることができる。

11-3　ブランド・リポジショニング

11-3-1 普及理論

　新しいブランドや製品を立ち上げたとき、それが普及・浸透するには時間がかかる。そうした普及の過程を示すのが、イノベーションの**普及理論**である（図11-1）。普及理論では、新しいブランドや製品を受け入れる消費者を時間軸に沿って、5つに分類し、その人たちの割合を示している。

①**イノベーター**（革新者）

　新しく革新的なものを好む消費者である。一方で、珍しいものが好きな変わり者で、マニアとよばれる人たちでもある。

②**アーリーアダプター**（早期採用者）

　流行に敏感な消費者である。流行の発信となるように一般的な消費者に対する影響力をもっている。**オピニオンリーダー**ともいわれる層の人たちである。

③**アーリーマジョリティ**（早期多数派）

　流行を気にする一般的な消費者である。

④**レイトマジョリティ**（後期多数派）

　慎重で流行には懐疑的な消費者である。多くの人が採用してから追随する人たちである。

⑤ **ラガード**（遅滞者）

流行を気にしない保守的な消費者である。

新ブランドや新製品はこのような順番で消費者に普及していくと考えられている。ただし、アーリーアダプターとアーリーマジョリティの間には**キャズム**とよばれる溝があるといわれている。つまり、先端的な人が好むものと一般的な大衆が好むものは違う場合が多い。この溝を超えないと、ブランドや製品は広く普及しない。

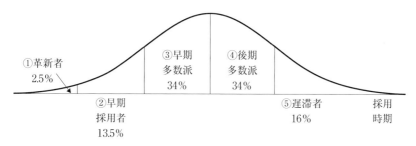

図 11-1　イノベーションの普及過程

出典：Rogers, E. M., *Diffusion of Innovations: Third Edition*, The Free Press, 1982, （青池愼一・宇野善康監訳『イノベーション普及学』産能大学出版部、1990 年、p.356）を改変。

11-3-2 製品ライフサイクル

ブランドや製品には寿命がある。新しく誕生したブランドや製品であっても、いつかは古くなり、寿命を迎える。こうしたブランドや製品を人の一生に見立てた考えとして、**製品ライフサイクル**（Product Life Cycle）がある。製品ライフサイクルでは、ブランドや製品を 4 段階でとらえる。

1) 導入期

ブランドや製品を市場に導入し始める時期である。製造コストが高く、ブランドの知名度や製品の機能を消費者に伝えることが必要なため、広告費がかかる。そのため、売上は低く、コストがかかり、損失が出る。ただしこの損失は投資と考えなければならない。

2) 成長期

ブランドや製品が普及し始め、知名度も高くなり、徐々に売れ始める時期

である。製品の販売量が増えるため、規模の大きな経済が動きコストが減る一方で、他社も参入してくるため競争が激しくなる。

3）成熟期

　ブランドや製品がひと通り普及し、競争が落ち着く時期である。売上が急激に上がったり下がったりせず安定するため、最も利益が出る。

4）衰退期

　ブランドや製品の鮮度がなくなり売上が減少する時期である。消費者が飽きたりしてニーズがなくなっているため、撤退を検討する。

　製品ライフサイクルの考え方に基づくと、自社のブランドや製品がどの時期にいるのかを把握することで、採るべき戦略の方向性を決める指針が得られる。

11-3-3 リポジショニング

　製品ライフサイクルの考え方で最も重要なのは、どのようにブランドや製品の寿命を延ばすのかである。成熟期が最も利益が出るが、あぐらをかいたままでいるといつの間にか衰退期に入ってしまう。せっかくのブランドや製品を台なしにしないためにも、成熟期を長くして、**ロングセラーブランド**をつくる努力をしなければならない。

　成熟期を長くするためには、**ブランド・イメージ**を時代に合わせて再定義する**リポジショニング**が効果的である。ポジショニングを変え、消費者がブランドに対して抱いている古いイメージを刷新していく。

　たとえば、資生堂の「シーブリーズ」はブランドをリポジショニングすることで低迷時から8倍の売上を達成した。1990年代、シーブリーズは海のイメージで、日焼け対策の製品というイメージを構築していた。しかし、マリンスポーツ人口や海に行く人の減少によって、売上が徐々に低迷していった。そこで、ターゲットを女子高校生に絞り、ブランド・イメージを刷新した。それまでの海のイメージから、「恋」と「部活」を結びつけたイメージへとシフトしたことによって、売上を回復させた。

　ブランドをロングセラーにするためは、どのようなブランドであっても、

イメージを時代に合わせていく必要がある。時代によって消費者のニーズが違うためである。

研究のフロンティア

地域ブランディングとサブカルチャー

　企業や製品だけではなく、近年では都市や町といった「地域」のブランディングが注目されている。古くは「一村一品運動」による町おこしがあるが、最近はサブカルチャーによる地域ブランディングが増えてきている。

　アニメによる地域ブランディングとして、石川県金沢市の湯涌温泉がアニメ『花咲くいろは』の舞台となったことで、アニメを活用し地域をブランディングしている（畠山 2012）。湯涌温泉は、アニメのなかの架空の祭り「ぼんぼり祭り」を実際に開催するようになり、毎年1万5000人を集めるイベントに育てあげた。

　アニメや漫画の舞台になることで、観光客が来るようになる現象は「聖地巡礼」とよばれ、地域活性化事例としてメディアに取り上げられることも少なくない。

　しかし、大河ドラマの舞台になるのと同様に、一時の流行で終わってしまうこともある。継続してサブカルチャーを地域ブランディングに活用するためには、権利をもつ制作会社などと良好な関係を築く必要がある。ひとつには制作会社の所在地も関係する。徳島県徳島市の「マチ★アソビ」というアニメが主役のイベントは、10万人近い人を集める。このイベントは徳島県とともに制作会社の ufotable が企画している。これは、社長が徳島出身で制作スタジオを徳島に置いているということが大きく関係している。湯涌温泉も制作会社の P.A.Works が富山県南砺市という同じ北陸にある。

　サブカルチャーによるブランディングは地域にとってはチャンスである。一方で、きちんとした見通しや戦略、投資がないと、一時の流行に終わってしまうことには注意しなければならない。

グループワークのための研究課題

1. 企業や製品の歴史を調べて企業や製品が信頼を獲得してブランドになる過程を考えてみよう。
2. ロングセラーブランドをひとつ取り上げて、時代に合わせてどのようにイメージを変更し、リポジショニングをしているのか調べてみよう。

参考文献

畠山仁友 (2012)「アニメの舞台化が地域に及ぼすプロモーションとしての効果—P.A.WORKS『花咲くいろは』と湯涌温泉「ぼんぼり祭り」を事例として—」『広告科学』第57集，17-32

山田登世子 (2006)『ブランドの条件』岩波新書

ジェフリー・ムーア (2014)「キャズム Ver.2　新商品をブレイクさせる「超」マーケティング理論」翔泳社

石井淳蔵・嶋口充輝・栗木契・余田拓郎 (2013)『ゼミナール　マーケティング入門　第2版』日本経済新聞出版社

石井淳蔵・廣田章光 (2009)『1からのマーケティング　第3版』碩学社

黒岩健一郎・水越康介 (2018)『マーケティングをつかむ　新版』有斐閣

第12章 マーケティング・チャネル論Ⅱ

　チャネル戦略は、メーカーのマーケティング戦略における重要な意思決定のひとつである。メーカーのマーケティング・チャネル戦略は、大きくチャネル設計とチャネル管理とに分けられる。チャネル設計は、自社製品をどのようなチャネルを通じて販売するかに関する意思決定である。流通サービスに対する顧客ニーズの分析やチャネル目標の設定、チャネル選択が行われる。チャネル管理は、構築したチャネルがチャネル目標を達成するよう管理する活動である。なかでも重要なのは、チャネル・コンフリクトの管理である。本章では、消費財メーカーを中心として、チャネル設計とチャネル管理の戦略を説明する。

12-1 購入プロセスと所有・使用経験による市場細分化

　同じ製品であっても、その購入方法と所有・使用経験は消費者ごとに異なる。たとえば、製品をよく知っている消費者は、多くのメーカーの製品を比較したいために、小売店舗の品ぞろえの豊富さを重視して製品を購入するかもしれない。一方、製品知識をほとんどもたない消費者は、使い方に関する丁寧な説明や、設置などのサービスを重視して製品を購入するだろう。また、製品知識豊富な消費者は、製品使用中に不具合が生じた場合、電話やオンラインによるサポートで満足するだろうが、初心者は、故障の際に担当者が直ぐ来てくれるようなサービスを望むかもしれない。それぞれの消費者にとって価値のあるサービスを提供するようなマーケティング・チャネルを構築するためには、市場を細分化し、各市場セグメントが求める付加価値サービスを明確にしたうえで、それに対応するチャネル構造をみいださなければならない。この節では、**購入プロセス**と**所有・使用経験**による**市場細分化**について説明する。

　購入プロセスと所有・使用経験に基づく市場細分化について、ウィーラー

表 12-1　購入プロセスと所有・使用経験に基づく市場細分化の基準

購入プロセスと所有・使用経験		市場細分化の基準
購入プロセス	情報収集	（A）意思決定のために必要な情報量 （B）手助けの必要性 （C）選択の幅に関する選好 （D）最低価格をみつけたという確信の重要性
	インタラクション経験	（E）製品・提供業者との購入前インタラクションに対する要求
	取引処理	（F）取引にともなう付加サービスに対する要求
所有・使用経験		（G）配達と設置に対する要求 （H）使用中のサービス提供に対する要求 （I）取り替えサイクル

出所：スティーブン・ウィーラー、エバン・ハーシュ著／日本ブーズ・アレン・アンド ハミルトン訳『チャネル競争戦略』東洋経済新報社、2000年、pp.124-135 より筆者が作成。

&ハーシュ（2000）は次のような基準を示している（表12-1）。

　購入プロセスには、**情報収集**と**インタラクション経験**、**取引処理**という3段階があり、それぞれの段階において以下の細分化基準が重要である。情報収集段階においては、消費者が（A）意思決定をするためにどのぐらいの情報量を必要としているか、（B）情報収集に関して手助けを必要としているか、（C）ブランドや価格などに関してより広い選択の幅を好むか、（D）最低価格をみつけたという確信をどれほど重要視しているか、という基準が重要である。情報収集に加えて、消費者はしばしば、製品を購入する前に実際に製品を使用してみたり、吟味したりするインタラクション経験を求めることがある。インタラクション経験においては、（E）要求の高さや、好まれるインタラクション手法などが重要な細分化基準となる。さらに、消費者が実際に購入し、取引が行われる段階では、（F）消費者信用や保険などの付加サービスに対する要求が重要な細分化基準となりうる。

　所有・使用経験に基づく市場細分化では、（G）購入した商品の配達と設置に関するニーズ、（H）商品使用中のメンテナンスやサポートなどのサービスに対する要求、（I）取り替えサイクルなどの基準が重要である。

　メーカーは、市場細分化を通じて、各**市場セグメント**が求める**付加価値サービス**や**流通機能**を明確化する。それらを踏まえたうえで、それぞれのセグメ

ントに対応する最適な**チャネル構造**をみいださなければならない。

12-2 マーケティング・チャネルの設計

　チャネル構造を設計するためには、チャネルの長短や広狭を決定し、チャネル構成員を選定しなければならない。

　チャネルの長短とは、チャネルの段階数がいくつあるかを意味する。一般に、チャネルが短いと、メーカーのチャネル管理がより容易になる一方、流通コストは高くなる。チャネルが長いと、メーカーの流通コストが節約される一方、チャネル管理は難しくなる。

　チャネルの長さは、想定される販売量や顧客の分散度、製品特性、顧客が求める付帯サービス、メーカーのチャネル管理の必要性などの要素から影響を受ける。単価が低く、標準化され、顧客が求める付帯サービスが少ない製品を、分散する多くの顧客に販売する際は、メーカーが価格などに関してチャネルを管理する必要性が低い。この場合、流通の経済性が優先され、より長いチャネルが適切なものとなる。

　一方、高価な製品や、製品機能が複雑であり、顧客が購買前の情報収集からアフターサービスまで多くの付帯サービスを求めるような製品の販売に関しては、メーカーによるチャネル管理の必要性が高く、より短いチャネルが適切である。多くの高級ブランド品メーカーが、百貨店のインショップあるいは直営の路面店という直販チャネルを利用するのは、ブランド力の維持こそがメーカーの最も重要な経営目標であり、メーカーが製品の流通を小売段階まで厳しく管理する必要があるからである。

　チャネルの広狭は、特定地域において販売窓口として利用される小売業者の数を指す。広いチャネルとは、特定の地域において多くの小売業者を使うことを意味し、狭いチャネルとは、使う小売業者が少ないことを意味する。チャネルは、広さの違いによって、**開放的流通**および**選択的流通**、**排他的流通**の３つのタイプに分類される。

　開放的流通とは、特定地域内でできる限り多くの小売業者に製品を取り扱わせ、販売窓口を多くするチャネル政策である。開放的流通は、近くの小売

店舗で製品を購入できるという利便性を消費者に提供する。しかし、メーカーはチャネルを管理しにくい。また、特定地域に数多くの販売窓口が存在するため、小売業者間の競争が起きやすい。開放的流通は、提供する付帯サービスが少なく、市場カバレッジが売上に大きな影響を及ぼすような製品に適切なチャネル政策である。

　選択的流通とは、メーカーが一定の資格要件や基準に沿って選んだ小売業者だけを特定地域内の販売窓口にするチャネル政策である。選択的流通では、開放的流通と比較して販売窓口の数が限られる。しかしその一方、メーカーがチャネルをより管理しやすくなる。選択的流通は、ブランド・イメージの維持や付帯サービスの提供などを通じて、他社製品との差別化をすることが重要であるような製品に適切なチャネル政策である。

　排他的流通は、メーカーが特定地域内でひとつの販売窓口を設定し、その窓口に対して独占的販売権を与える代わりに、多くの場合は競合他社製品の取り扱い禁止や価格維持などの条件を要求するチャネル政策である。排他的流通は、自動車や高級ブランド品のように、ブランド力の維持がメーカーの最重要目標であり、メーカーが流通を厳しく管理し、特定顧客を囲い込む必要のある製品に適切なチャネル政策である。

　メーカーがチャネル構成員を選定する際には、各市場セグメントの顧客が利用する小売業者や流通業者が果たす機能、流通業者に対するコントロールのしやすさなどが考慮される。

　メーカーは、購入プロセスと所有・使用経験による市場細分化分析を通じて、各市場セグメントが求める付加価値サービスを明確にし、それに対応する最適なチャネル構造を設計する。どの市場セグメントをターゲットとし、どのようなチャネル構造を採択するかを決定する際、メーカーは次のような要素を考慮に入れる。すなわち、特定の市場セグメントから得られる売上と利益、チャネル以外のマーケティング戦略構成要素との一貫性、自社経営資源の制限、流通関連規制、競争相手企業のチャネル戦略などである。

12-3　マーケティング・チャネルの管理

　メーカーは、チャネルを構築した後、長期間にわたってそのチャネルを維持しなければならない。メーカーの直販チャネルや企業システムを除き、通常の間接マーケティング・チャネルにおいては、その構成員は相互に独立した企業であり、チャネル目標に協力するインセンティブもそれぞれ異なる。そのため、チャネル構成員の活動を統制し、彼らの協調関係を維持することがチャネル管理の中心的業務となる。チャネル管理は、ある特定のチャネル構成員が**パワー**を所有し、かつそれを行使することによって可能なものとなる。

12-3-1　パワー関係の形成

　あるチャネル構成員がもつパワーは以下のように定義される。すなわち、その構成員が、異なる流通段階に位置する他の構成員のマーケティング戦略における意思決定変数をコントロールする能力である（El-Ansary & Stern [1972]）。パワーの形成については2つの視点が存在する。ひとつは、パワーは当事者が持っているパワー資源の関数であるという視点である。もうひとつは、組織間のパワー関係は組織間の依存関係によって決定されるという視点である。

　パワー資源は**パワー基盤**ともよばれ、**報酬**および**強制**、**正当性**、**一体化**、**専門性**の5つのタイプに分類される。

　チャネル構成員Bに対して構成員Aがもつ報酬というパワー資源は、Bに報酬を与える能力をAが持っている、というBの認識に基づくものである。独占的販売権の付与や、ヒット商品の優先的な配荷などは報酬の例である。

　強制というパワー資源は、Bに制裁を発動する能力をAがもっている、というBの認識に基づく。出荷停止は制裁の例である。

　正当性というパワー資源は、Bの行動に関して指示・命令する正当な権利がAにある、というBの認識に基づくものである。フランチャイズ契約に

よって生じる、本部の加盟店に対する指示の権利は、正当な権利の例である。

一体化というパワー資源は、Aに対するBの一体感の感情に基づく。メーカーが流通業者に対して、自らの経営理念に共感してくれるよう促したり、あるいはそうした流通業者を自分の系列に参加させるのは、メーカーによる一体化のパワー資源の所有と行使の例である。

専門性というパワー資源は、Aが特殊な知識をもっている、というBの認識に基づくものである。大規模な小売業者は、膨大なPOSデータを蓄積しており、そのデータを用いてメーカーの製品開発を支援することができる。こうした知識は、専門性の高い知識である。

パワー形成に関するもうひとつの視点は、組織間のパワー関係は組織間の依存関係によって決まるという視点である。**取引依存度モデル**は、取引の依存関係がパワー関係の基本的な決定要因であると主張している。このモデルでは、メーカーiの流通業者jに対する販売依存度と、流通業者jのメーカーiに対する仕入依存度の比率として取引依存度がとらえられ、それぞれの値は次のように計算される。

$$\text{メーカー}i\text{の流通業者}j\text{に対する販売依存度}(m_{ij}) = \frac{i\text{の}j\text{に対する販売額}(M_{ij})}{i\text{の総販売額}(M_i)}$$

$$\text{流通業者}j\text{のメーカー}i\text{に対する仕入依存度}(d_{ij}) = \frac{j\text{の}i\text{からの仕入額}(D_{ij})}{j\text{の総仕入額}(D_j)}$$

$$\text{流通業者}j\text{のメーカー}i\text{に対する取引依存度}(e_{ij}) = \frac{\text{仕入依存度}(d_{ij})}{\text{販売依存度}(m_{ij})}$$

iのjに対する販売額(M_{ij})とjのiからの仕入れ額(D_{ij})は等しいため、

$$\text{流通業者}j\text{のメーカー}i\text{に対する取引依存度}(e_{ij}) = \frac{d_{ij}}{m_{ij}} = \frac{D_{ij}/D_j}{M_{ij}/M_i} = \frac{M_i}{D_j}$$

となる。

この計算からわかるように、流通業者jのメーカーiに対する取引依存度は、メーカーの総販売額(M_i)に比例し、流通業者自らの総仕入額(D_j)に反比例する。すなわち、流通業者とメーカーの間に存在する経営規模の格差がパワー構造の重要な規定要因となる。製品ラインを拡大し、全国市場で販

売するメーカーは、多店舗展開をせず、取引商品も少ない中小小売業者に対して取引依存度が低く、より強いパワーをもっている。一方、多店舗展開を進め、取扱商品が多い大手量販店は、特定のメーカーに対して取引依存度が低く、結果としてパワーがより強くなる。

メーカーと流通業者の依存関係は、取引依存度の他、メーカーのブランド力や、流通業者のブランド力およびサービス提供能力などによっても左右される。

12-3-2 チャネル・コンフリクト管理

チャネル構成員は、チャネルが果たすべきマーケティング機能を分業して遂行する。分業の結果、チャネルが果たすべきマーケティング機能が遂行されると同時に、それぞれの企業の目標が実現される。このように、チャネル構成員は、それぞれ独立しながら相互に依存している状態にあり、結果としてある構成員の目標達成は他の構成員の行動から影響をうける。

チャネル・コンフリクトとは、ある特定の構成員が、他の構成員によって自らの目標達成を妨害されていると認知している状態のことを指す。各構成員は組織的に独立した企業であるため、現状認識や役割分担などについて認識のずれが生じ、対立が起きるのは当然のことである。適度のコンフリクトはチャネル成果に深刻な影響を及ぼすものではなく、ときに構成員間の意見交換のきっかけになる場合もある。しかし、過度なコンフリクトは、安定したチャネルの存続を危うくする。そのため、コンフリクトの制御が重要となる。

チャネル・コンフリクトの発生要因は、目標や事業領域、現状に関する構成員間の認識の不一致である。そのため、コンフリクトを制御するためには、企業間で人事交流を実施したり、営業マンなどチャネル構成員の境界で活動する人間の意思疎通を図ることが重要である。このような活動を通じて、事業目標や役割分担、現状認識に関する**情報共有**を促し、**合意形成**を達成させ、対立の発生を未然に防ぐのである。また、対立が発生した場合の問題解決方法としては、パワー資源の行使によって他の構成員の行動を**統制**する方法、個々の構成員の目標を超えたより上位の目標を掲げて構成員の**結束**を強める

方法、第三者による**仲裁**などの方法がある。

研究のフロンティア

マルチチャネルとオムニチャネルの発展

　今日 NIKE の靴を買おうとする消費者は、どこでその靴を買うか、たくさんの選択肢を持っている。NIKE の専門店や百貨店、スポーツシューズ専門店、量販店チェーンのほか、NIKE のウェブサイトやアマゾンなどのオンラインショップもまた NIKE の靴を扱っている。消費者は、自らのニーズや低価格を重視する程度、店に行く時間の有無などによって買う場所を決定するのみならず、しばしば購入までの異なる段階において異なるチャネルを使う。たとえば、マラソンを走るために高機能のスポーツシューズを購入しようとしている消費者は、脚のサイズをさまざまな角度から測ってもらうなどきめ細かいサービスを提供してもらうために、NIKE の専門店やランニングシューズ専門店で購入することを選択するであろう。一方、日常のウォーキングシューズとして使うための靴を買おうとしており、なおかつ買い物に行く時間がない消費者は、アマゾンで買うことを選択するかもしれない。さらに、実店舗においてシューズに関するアドバイスをもらい、シューズを試着したうえで、オンラインショップで購入する消費者も少なくない。

　以上の例に示されるように、今日メーカーは、オンラインショップを含めた多様なマーケティング・チャネルを用いている。こうした現象を背景に、**マルチチャネル（multi-channel）**および**オムニチャネル（omni-channel）**という用語が、マーケティングの実務家と研究者の間で使われるようになった。2 つの用語は、いずれも複数のタイプのチャネルが用いられる状況を示しているが、以下のようにその意味は異なる（Ailawadi & Farris［2017］）。

　マルチチャネルとは、メーカーが顧客を獲得し、維持し、顧客層を拡大するために複数のタイプのチャネルを設計・構築・調整・評価することを指す（Neslin et al.［2006］）。マルチチャネルの焦点は、各タイプのチャネルの効果を最大化するよう、それぞれのタイプのチャネルを管理することにおかれる。一方、オムニチャネルという概念は、複数のタイプのチャネルを用いる必要があるということを前提にして、消費者の買い物方法に応じて、それぞれのタイプのチャネル内の活動および、チャネル間の関係を統合的に管理することに焦点が当てられている。さらに、オム

ニチャネルという概念では、製品が消費者に届く流通チャネルだけではなく、メーカー（または小売業者）と消費者とのコミュニケーションのチャネルも考慮に入れられる。

マルチチャネルやオムニチャネルの発展により、消費者の購買活動はさらに便利なものとなった。その一方、メーカーによるチャネル設計と管理はいっそう難しいものとなっている。とりわけ、どれほど多様なタイプのチャネルを用いるべきか、また、どのタイプのチャネルを選ぶべきかという問題は、メーカーにとって重要な課題となっている。これらの問題を検討する際に、メーカーは2つのことを考慮に入れる必要がある、と Ailawadi & Farris（2017）は指摘している。

第1に、既存の実店舗にオンラインチャンネルを加えることで、チャネルの各段階における価格と利益はどのような影響を受けるか、という点である。実際、チャネルのタイプが増加することで、小売段階での競争が激しくなり、小売価格と小売のマージン率が低下することは一般によく知られている。この問題をどのように解決するかは、メーカーにとって大きな課題である。

第2に、オンラインチャネルと実店舗は相互にどのように影響し合うか、また、2つのタイプのチャネルをどのように調整し最適の関係に導くか、という点である。Ailawadi & Farris（2017）は、それぞれのタイプのチャネルの重要性を考える際には、売上規模などの数値だけではなく、消費者の購買意思決定プロセスの各段階において各チャネルが果たす役割も考慮に入れる必要があると主張している。今日、売上の伸び悩みや利益の低下を理由に、実店舗閉鎖に踏み切る企業が多くなっている。しかし、こうしたチャネルに関する意思決定は、オンラインチャネルの売上、さらに消費者による当該メーカー商品の総購入数量などにマイナスの影響を及ぼす可能性がある。このような問題について、実務家と研究者はさらなる研究を行う必要があると Ailawadi & Farris（2017）は指摘している。

グループワークのための研究課題

1. 取引依存度モデルを用いて、日本の大手ビールメーカーと大手コンビニエンスストアのパワー関係について説明してみよう。
2. マルチチャネル・オムニチャネルを構築した大手消費財メーカー1社を選び、そのチャネルの特徴を説明してみよう。

参考文献

Ailawadi, K.L.and P.W. Farris, "Managing Multi- and Omni-Channel Distribution: Metrics and Research Directions," *Journal of Retailing*, March 2017, 93(1), pp.120-135

El-Ansary, A. and L. Stern, "Power Measurement in the Distribution Channel," *Journal of Marketing Research*, February 1972, 9(1), pp.47-52

Neslin, S.A., D. Grewal, R. Leghorn, V. Shankar, M.L. Teerling, J. Thomas, and P. Verhoef, "Challenges and Opportunities in Multichannel Customer Management," *Journal of Service Research*, November 1, 2006, 9 (2), pp.95-112

石井淳蔵『流通におけるパワーと対立』千倉書房、1983年

スティーブン・ウィーラー、エバン・ハーシュ著：日本ブーズ・アレン・アンドハミルトン訳『チャネル競争戦略』東洋経済新報社、2000年

根本重之『新取引制度の構築：流通と営業の革新』白桃書房、2004年

第 13 章 広告論Ⅱ：効果的な広告活動と新しい広告の流れ

　本章では効果的な広告活動を行ううえで重要となる広告効果測定の考え方を述べる。ただし、広告は人々の嗜好や文化とも大きく関わる。それらは時代とともに変化し、それに対応する必要もある。そこで、より効果的な広告活動を行ううえで大切となる近年の新しい広告理論を解説する。一言でいえば「消費者に寄り添う広告」ということがポイントとなる。新しい機能を持った商品が次々に発売され、それを伝える広告に注目が集まっていた時代は終わった。今の時代にマッチする広告活動とはどのようなものかを考えていく。

13-1　広告の効果測定

　米国の有名な言葉に、「広告の半分は無駄であることはわかっている。問題なのはどちらの半分が無駄なのかがわからないことである」というものがある。広告活動とは、企業にとって非常に大きな費用を必要とするにもかかわらず、その有効性はかなり不確かである。

　広告の効果という言葉はかなり広い意味がある。大きく分けると社会全体に広告が与える効果、すなわちマクロ的な視点での効果と、広告活動を行う企業にとってマーケティング目標に対する効果がどの程度であったかといったミクロ的な視点での効果である。ここでは、後者の、企業の広告活動に関する効果について述べる。

　送り手、通常多くの場合は営利企業であるが、この企業が広告を行ったときには、その投資額にみあった広告の効果があったかどうかが大きな問題となる。すなわち、この広告を行ったことにより「そのブランドの名前を知っている人が増えたかどうか」や、「そのブランドを買ってみようと思った人が増えたかどうか」といったことである。したがって、広告効果を考えるときには、必ず目標が必要となる。たとえば、商品を知っている人（認知者）

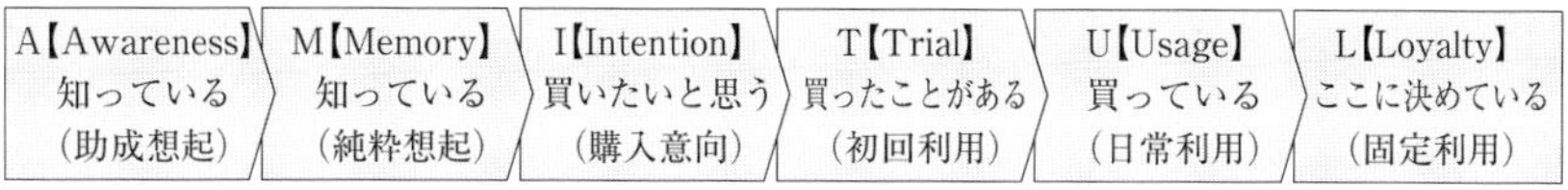

A【Awareness】	M【Memory】	I【Intention】	T【Trial】	U【Usage】	L【Loyalty】
知っている (助成想起)	知っている (純粋想起)	買いたいと思う (購入意向)	買ったことがある (初回利用)	買っている (日常利用)	ここに決めている (固定利用)

助成想起：ブランド名をあげ知っているブランドを聞く
純粋想起：コーヒーなどカテゴリーだけいい、そのなかで知っているブランドを聞く
購入意向：買いたいと思うブランドを聞く
初回利用：購入経験を聞き、（初回かどうかを聞く）
日常利用：購入経験を聞き、（普段買われているブランドですかなどと聞く）
固定利用：他のブランドへ変更の可能性を聞く

図 13-1 消費者態度変容モデル：AMITUL モデル

を増やすといったことである。また、広告活動は必ずマーケティング目標をもって行っていなければならず、広告の目標も必ず企業のマーケティングの目標に合致していなければならない。マーケティング目標はたとえば、商品の売上げ増加かもしれないし、市場シェアの獲得かもしれない。

　広告効果の目標を設定する際に参考になる考え方がある。顧客が商品を広告で見てから、購入に至るまでのプロセスをモデル化したものである。最も有名なものとして、**AIDMA モデル**をあげることができる。AIDMA とは、①注意を引く（Attention）、②興味をもつ（Interest）、③欲求となる（Desire）、④記憶する（Memory）、⑤行動を起す（Action）の英語の頭文字を取ったものである。

　近年、多くの人々がインターネットを使う時代になり、人々は欲しいものを検索サイトで調べたり、SNS で情報を拡散することも多い。そのような消費者の行動を表したもとのとして **AISAS モデル**がある。①注意を引く（Attention）の A、②興味をもつ（Interest）の I、③検索して調べる（Search）の S、④行動を起こす（Action）の A、そして最後の S は情報を拡散する（Share）という行為を意味している。すべての商品に当てはまるモデルではないが、重要なモデルといえよう。

　さて、広告効果のひとつの大きな指標として長期的な固定客を獲得し強固なブランドを構築することがあげられる。すなわち固定利用（Loyalty）を増やすことであるが、その要素をいれたモデル、**AMITUL モデル**[1]を提示したい（図 13-1）。AMITUL は、「知っている」を 2 段階、「買いたいと思う」、

「買ったことがある」、「買っている」、「ここに決めている」の6段階のモデルである。AIDMAと異なり、各段階を調査の指標におき換えることができるという利点がある。このことにより、各段階の数値目標化が可能となり、広告効果の評価が容易となり明確な活動を行うことができる。広告活動を行うときには、マーケティング目標を明確にし、それを達成するためにこのモデル上のどの段階が必要かを突き止め、それをクリアできる戦略を立案することが大切である。そのためには広告活動を始める前に広告効果を測定するための数値目標を設定し、活動後はその数値目標がどの程度改善されたかを精査する必要がある。

消費者の購買行動がこのようにいつも直線的に変化するとはいえないが、広告活動の効果を図るうえには十分有用な指標といえよう。

13-2 マス広告からトリプルメディアへ

前節の通り、企業は何らかの広告効果を期待して広告活動を行っている。かつては、新しい商品がでるとまず人々にそれらの名前や機能を知ってもらうため、TVメディアを中心としたマスメディアを用い大きな効果をあげてきた。今でも広告メディアのなかで最も大きな金額が使われているのはTVメディアである。しかしインターネットメディアの出現以降、その差は徐々に小さくなっている。かつてTVメディアを含め、マスメディア4媒体とよばれた新聞、雑誌、ラジオの広告費はこれ以上の増加は見込まれない。そのような状況のなか、より効果的な広告活動を行うために必要とされるのが**トリプルメディア**という考え方である。

トリプルメディア、すなわち3つのメディアとは「**ペイドメディア（paid media）**」「**オウンドメディア（owned media）**」「**アーンドメディア（earned media）**」のことを指す。ペイドメディアとは企業が購入するメディアで、従来のTVや雑誌広告、交通広告などが含まれる。加えて、インターネット広告のなかでもディスプレイ広告（バナー広告など）とよばれるものもこれに含まれる。徐々に他のメディアにおされ気味であるが、いまだに広告メディアの大きな位置を占めている。

以前からも使われているが近年とくに重視されているのが、オウンメディアである。かつてはカタログや自社の店舗などがその代表であったが、インターネットメディアの出現から自社のサイト、そのなかにおかれているショートムービーとよばれる動画、また自社サイトで購入者に登録させる会員組織などの活用が広まっている。

　若者に最も馴染みのあるメディアであるSNSが「アーンドメディア」の代表である。基本的に企業が信頼や評判を得ることのできるメディアである。消費者をはじめとする第三者がその企業やブランドの情報を発信することで生み出される。SNSやブログ、そして動画共有サイトがわかりやすいが、たとえば、TV番組のドラマなどのなかで自社の商品が使われる**プロダクトプレイスメント**や、TVのニュースや新聞の記事などで取り上げられるパブリシティなどもこのなかに含まれる。

　広告活動を行う企業にとって、この3つのメディアには、それぞれ長所・短所がある。たとえば「ペイドメディア」であるが、TVメディアを代表とするように短期的に多くの人に情報を伝えることができ、TVCMがブログで取り上げられるなど、「アーンドメディア」を生み出すことに役立つ場合が多い。また「ペイドメディア」は送り手側が購入しているため、その使用についてのコントロールが可能となる。たとえば、商品の発売時期に集中して、大規模に展開することも可能である。またその表現内容も、送り手側の企業が考える内容を流すことができる。一方短所であるが、近年反応率が低下している。TV番組をHDDレコーダーに録画してTVCMをスキップして視聴するものも多く、また企業側のメッセージということでの信頼性も低下している。

　「オウンメディア」は顧客との長期的な関係構築を築くことに適している。上述した会員組織などがその例である。またTVやSNSで興味をもった情報について、さらに知りたい消費者などが訪れることになるため、他の2つのメディアとの連関が可能となる。

　このメディアの長所は、「ペイドメディア」同様自社でコントロールできることが第一にあげられる。それに加えて、「ペイドメディア」よりも、比較的少ない費用で行うことができる。また長期的に継続性があることも他の

2つのメディアにはない特徴である。一方短所とすると、自社からの情報発信のため、信頼性が乏しい。また消費者が訪れる保証がなく、自社サイトなどに訪れるしくみづくりが必要になることが多い。そのため、**コンテンツマーケティング**（content marketing）が注目を集めている。サイトを訪れる人が思わず見たくなるようなショートムービーを作成したり、役に立つアプリなどを置くようにしている企業も多い。このような取り組みは積極的に行われているが、人気のサイトにするまでの時間はかかる。

「アーンドメディア」は、SNSやブログなど第三者の推奨等により信頼を構築することが可能なメディアである。消費者主導により評判を広めることのできるものである。このメディアの長所としては、他の2つに比較して最も消費者の信頼を得ることができ、販売にも影響する場合も多い。口コミサイトでの偽投稿事件などはあったが、その評価を参考にして購入を決めている消費者も多い。一方短所としては、最もコントロールができない点がある。ときにはポジティブな評価ばかりでなく、ネガティブな評価が書き込まれることもある。また「ペイドメディア」などと異なり規模を追求することはできず、その効果を測定することも難しい。

このように、3つのメディアそれぞれに長所・短所があり、それを組み合わせて、どのように活用するかが今後の効果的な広告活動の鍵となる。そして大手広告代理店は、広告のみならず消費者がブランドに接するすべてのポイントを「**ブランドコンタクトポイント**」などとよんで、分析し消費者ベースのメディアプランニングを実践している。

13-3　消費者に寄り添う広告活動

広告を見る機会は、多くなったと感じるか少なくなったと感じるか、人によってさまざまかもしれない。見たくはないが見させられていると感じる人もいるかもしれない。インターネットメディアが出現する前と比較して、人々が見る広告の数は圧倒的に増えている。それと同時に、広告を避けようと行動する人も多い。電車の中では、それまで貼られているポスター広告を何気なく眺めていた人々も、多くの人がスマートフォンでSNSを見たり、

ゲームをしている。またTV番組もあらかじめハードディスクレコーダーに録画して、TVCMを飛ばしながら見る人もいる。あるいは、TVCMの時間になると、スマートフォンやタブレットをチェックしている人もいるだろう。広告が嫌われ始めていることも事実であろう。そのようななか、企業は何とかして消費者に嫌われない、信頼をもたれる広告活動を行おうとしている。そのためのキーワードが「エンゲージメント」であり、「コンシューマーインサイト」といえる。

13-3-1 エンゲージメント

　辞書を引くとエンゲージメントとは「約束、婚約」と書かれている。広告産業においては、それとは異なるいくつかの意味で使われている。ひとつ目は、多少抽象的であるが、広告などの活動を通して企業と顧客の結びつきを強めることである。2つ目は「エンゲージメント率」といういい方で使われる場合が多いが、SNSなどのソーシャルメディアにおいて、企業が発信するひとつの投稿について閲覧者が「いいね」ボタンを押したり、コメントしたりする割合を指す。投稿についての反応の度合いを表しているが、企業と顧客の結びつきを判断する目安となっている。3つ目は、「メディアエンゲージメント」といういい方でよばれるものである。これは、同じ広告表現であっても、掲載されるメディアやそのなかの番組、サイト自体の内容に対する視聴者の評価が広告効果に影響を与えるという考え方である。たとえば、サッカーの国際試合の放送中に流れるTVCMが、サッカーと関係のある場合と、そうでない場合で、認知率などが異なるといったことである。

　広告は基本的に嫌がられることが多い、例えば「**山場広告**」というものがある。クイズ番組などのTVCM前に「回答はCMの後に」といってから流れるものである。これについては、流されたTVCMについて、不快感を覚えるという調査結果もある。上記のサッカーの例でも、視聴者はサッカーに興味があり、それ以外の商品への興味は低い。このような場面では、視聴者が興味をもつ、サッカーや代表選手と関連する広告表現であった場合に、視聴者はその企業も一緒にサッカーを盛り上げようとしていると感じ、視聴者と商品／ブランドの結びつきを深めることができる。いかに消費者との結

びつきを深めていくことができるかは今後検討されるべき点である。

13-3-2 コンシューマーインサイト

　前節では、広告活動を行ううえで、消費者との結びつきを深める必要性があることを述べた。そのためには、消費者が本当に求めていること、消費者の気持ちを理解する必要がある。そのことを表すキーワードがコンシューマーインサイトである。

　コンシューマーインサイトはもともと、それまで米国で主流であった、大量の消費者に対する量的なアンケート調査に基づく戦略立案に、英国の何社かの広告代理店が疑問をもち始めたことからスタートした。確かに1000人中800人の人がよいといった広告アイデアであればリスクは少ないことは理解できる。しかし本当にこのアイデアが消費者の心に強く残るものであるかどうかということは必ずしも確かではない。そこには消費者が思わず買いたくなってしまうような「モノ」が存在するのではないかということである。この「モノ」のことをキャンベル（L.Fortini-Campbell）は「**スイートスポット**」（L.Fortini-Campbell［2001］）とよび、「自分で商品を使ってみる」「ターゲットのいる場所に足を運んで観察する」「ターゲットの輪の中に自分も入ってしまう」「投影法」などといった手法を用いて発見することを提唱している。また、このコンシューマーインサイトを発見し、それを**クリエイティブブリーフ**に書き、デザイナーやコピーライターといった制作スタッフに伝え、刺激を与える役職として**アカウントプランナー**が欧米で登場し始め、わが国においてもいくつかの広告代理店でこの役職名を用いていた。しかし残念ながらわが国では、必ずしも本来の意味の役割を果たしているとはいいがたい状況である。

　さて、コンシューマーインサイトをより深く考えていかなければならない要因はいくつか考えられる。まず、現在新しく出される製品が必ずしもまったくの新製品ではなく、これまでの製品をより便利に使いやすくしたものであることがあげられる。スマートフォンはそれまでの携帯電話機の進歩であり、HDDレコーダーもそれまでのビデオレコーダーの進歩であろう。それらに対する消費者のニーズも多種多様であり、1950年代にTVが出現した

時代には、TVが見たいという単純なニーズしかなかったが、現在一般的になった大型液晶TVは、TVを見る機能だけであればそれまでのブラウン管型でも十分なはずであり、そこには、「居住空間を快適にしたい」「環境問題に少しでも対応したい」「よりきれいな画像で見たい」など、多様なニーズが存在するはずである。このように多様なニーズをもつ消費者に対して、必然的により深い分析が必要となる。

　もうひとつの問題は、インターネットをはじめとする新しいメディアの出現である。スマートフォンを代表とする**モバイル広告**、また電車内でも動画の広告が流れているなど、消費者がこれまで以上に多くの広告や製品情報に直面している。消費者が、どのような場面で、どのような気持ちで送り手側のコミュニケーションに接しているかを十分に考えていくことは、たんに送り手側の効率を考えるだけではなく、受け手側の情報の整理、また不必要な情報の過多ということでの企業の社会的な責任としても十分考えていかなければいけない問題である。

13-4　IMC（統合的マーケティングコミュニケーション）

　インターネット広告の隆盛から企業はたんに商品の情報を一方的に発信するだけでは広告活動として成り立たない時代であることは述べてきた。そこでは、消費者を理解し彼らに寄り添う姿勢が求められる。しかし、たんに彼らが求めることを一方的に行うだけでは企業の目的は実現されない。企業／送り手側には伝えるべき商品やブランドがあり、目的を持っている。したがって、消費者の求めるものを把握しながら戦略的にひとつの方向でコミュニケーションを行う必要がある。それを表した言葉が **IMC**（Integrated Marketing Communication／統合的マーケティングコミュニケーション、以下IMCとよぶ）である。

　IMCは、1980年代後半から米国で注目されはじめた考え方である。米国の広告産業においては、日本に比較しても広告代理店が行う業務の範囲は明確であり、一般的には広告戦略開発、クリエイティブの制作、メディアのプランニングと購入をおもな業務としていた。したがってTVや雑誌など既

存のマス広告に限定される場合が多く、POPの開発や**販売促進活動**などはBTL (Below the line) とよばれ、広告代理店ではない専門会社が担当することが多かった。また、多くの新しいメディアが出現するなか、TVや雑誌などの既存マスメディアの効果への疑問視から、**直接反応広告**（クーポン広告など）、販売促進、PRなどのさまざまなコミュニケーション方法の戦略的役割を評価し、それらを組み合わせることにより、効果の高いコミュニケーションを行うことができるという考え方が出てきたのである。IMCの基本概念はコミュニケーションメッセージの一貫性を重視し、多様なコミュニケーションを有機的に組み合わせることであった。これまでもIMCに類似した考え方は存在したが、それをさらに推し進めたのは、コンピューター技術の進歩であった。これにより顧客のデータ管理が可能となり、それらのデータを用いてこれまで以上の効果的なコミュニケーション活動を行えるようになったのである。

　また、メッセージの一貫性という意味では、「**ワンボイス**」、すなわちシンボルやスローガン、色彩やキャラクター等のクリエイティブ要素を統一することが基本にあるが、広告、PR、販売促進活動で「ワンボイス」のキャンペーンを実行するだけではなく、生産・人事・財務等のマーケティング以外の経営機能、あるいは株主や原材料の供給者などの社外の関係者に対しても統合したコミュニケーションを行うべきであるとの考え方もある。

　現在でもIMCは重要な概念として、多くの実務家、研究者のなかでさらなる検討が加えられている。

　本章では、スマートフォンを中心としたインターネット広告の隆盛から、広告が消費者から嫌われ始め、避けられる状況のなかでいかに効果の高い広告活動を行うかについて述べてきた。そこでは、「エンゲージメント」とよばれる消費者との結びつきを深めるための概念や、消費者が本当に求めているものをみつける必要性を表した「コンシューマーインサイト」が重要であることを述べた。また一方的な情報の伝達ではなく、いかに消費者に寄り添う姿勢をもちつつ、統合的に広告活動を行うかという「IMC」の考え方を述べた。複雑化する現代社会において、これらの概念を理解し、的確な広告コミュニケーション活動を行う必要がある。

研究のフロンティア

視聴率の変更

　これまで使われてきた、視聴率でのTVCMの取引（売買）が大きく変わろうとしている。これまでも一定の性別と年齢で区切られた個人視聴率は測定されてきた。しかしそれは広告主とTV局の間での取引には使われず、基本はその世帯でその番組が見られているかどうかの世帯視聴率をもとに広告の値段が決められている。例えば、世帯視聴率10％の番組の中で流されたTVCMが1％あたり10万円（広告主ごとに変わる）とすると、そのTVCM1本は100万円の価値があるとして金額を決定する。それまでの世帯を基本にしたシステムから個人視聴率を基本に行うことになってきた。

　もう一つの大きな変更はタイムシフト視聴を視聴率に加えようとするものである。タイムシフト視聴率とは、録画での視聴のことであり、現状では7日以内に再生された視聴率のことを言う。実際に放送された時間に見られた番組の視聴率に、タイムシフト視聴率として、その番組内で流された全CMの平均視聴率なども加えられる。近年、HDDレコーダーの普及から、番組を録画してみるタイムシフト視聴が増えていることがそのきっかけである。すでにアメリカでは導入されているが、その具体的な内容には色々な意見が出ており、導入後もしばらくはどのような視聴率の指標を設けるべきかの議論は続くことになるだろう。また、SNSなどに投稿された割合や番組の質など、新たな視聴質ともいうべき指標に関しても、研究が進められている。

グループワークのための研究課題

1. 何か特定のブランドを決め、AMITULモデルをもとに、そのブランドがどのような課題を抱えているか分析してみよう。
2. 自分の好きなブランドのサイトを見て、ショートムービーやアプリなど閲覧した消費者を満足させるためにどのような工夫をしているか確認してみよう。
3. 定性調査の投影法について具体的にどのような調査方法か調べてみよう。またその方法を友人に対して行ってみよう。

注

[1] AMTULモデルを改良したオリジナルモデルである。

参考文献

Fortini-Campbell, Lisa, *Hitting the Sweet Spot*, Copy Workshop, 2001
亀井昭宏、疋田聰『新広告論』日経広告研究所、2005 年
岸志津江、田中洋、嶋村和恵『現代広告論』有斐閣、2001 年
株式会社グロービス『ＭＢＡマーケティング改訂 3 版』数江良一監修、ダイヤモンド社、2009 年
清水公一『第 18 版広告の理論と戦略』創成社、2014 年
『コマーシャルの 20 世紀』財団法人放送番組センター、2001 年
横山隆治『トリプルメディアマーケティング』インプレスジャパン、2010 年
「スポット CM 取引の新指標導入について」『日テレ広告ガイド』日本テレビ放送網株式会社，http://www.sales-ntv.com/kento/spot.html（最終更新日：2018 年 1 月 16 日）

第14章 セールス・プロモーション論Ⅱ

> マーケティングにおいては、最終的に商品を購入する消費者だけでなく、商品を取り扱う代理店や小売業者といった流通業者、さらに商品を取り扱う営業部隊といった自社の従業員への動機づけも考える必要がある。また、インターネットが発達し、消費者が入手することのできる情報量が飛躍的に増えたといっても、店頭などで直接的に顧客とのやりとりをする従業員の対応は、相変わらず重要な要素である。本章では、第7章で取り上げたプロモーション活動のうち、流通業者向けプロモーションと人的販売を中心にみていくことにする。

14-1 流通業者向けプロモーション

　自社の商品を取り扱う流通業者などに対してメーカーが行うセールス・プロモーション（以下、SPとする）は、**流通業者向けプロモーション**（retail promotion）とよばれる。その目的は、流通業者に対して生産者の商品取り扱いを向上させることである。消費者向けプロモーションが**プル戦略**（pull strategy）であったのに対して、取扱高を増やしたり、積極的な販売を行ったりしてもらう流通業者向けプロモーションは、商品を店舗に押し出す**プッシュ戦略**（push strategy）といえる。

　メーカーの視点から考えると、流通業者向けプロモーションは自社の取扱高を短期的に増加させ、長期的な販売に結びつけることが目的である。流通業者の視点から考えると、店舗への来店者数と顧客あたりの販売量を増加させること、利益率を高めることなどが目的となる。ここでは、流通業者向けプロモーションに固有のSPに焦点を絞って説明する。

14-1-1 アローワンス

アローワンス（allowance）とは、一定期間における生産者の販売活動を、流通業者が支援したことに対して支払われる金銭的な見返りである。生産者の行うキャンペーンと連動して、特定商品の仕入、陳列、広告などに協力した場合に、アローワンスが支払われる。

陳列や広告に対するアローワンスは、それぞれ**陳列アローワンス**（display allowance）、**広告アローワンス**（advertising allowance）とよばれる。陳列アローワンスは、エンド陳列や島陳列といった特別陳列を行ったり、棚での扱いを増やすことへの報酬である。広告アローワンスは、店内のPOP（Point of Purchase: 販売時点）広告を行ったり、流通業者による広告中に対象商品を決められた方法で取り上げたりした場合に行われる。

14-1-2 リベート

リベート（rebate）は、メーカーと流通業者という関係性においても実施される。アローワンスが短期的な販売活動の支援に対する見返りであるのに対して、リベートは流通業者との長期的な関係構築を目的とし、流通業者の利益を補填する意味合いが大きい。リベートは、流通業者が生産者の示した条件を満たした場合に支払われる。具体的には、一定量の商品在庫を確保したり、棚のスペースを増加させたり、取扱商品の幅を拡げるといったことがあげられる。

先に述べたように、本来リベートは一定の条件を満たしたうえで支払われるものであるが、実際には取引の段階でリベートが組み込まれていることも多い。リベートは生産者と流通業者あるいは流通業者間の関係構築を目的としているが、その一方で取引内容が不透明になる可能性もある。リベートが取引に含まれていると、流通業者のなかには、商品を販売することによって得られる利益よりも、リベートによる利益を期待するようになってしまうこともある。また、リベートを原資とした必要以上の値引きが行われると、商品のイメージ低下につながってしまうこともある。リベートは、たんなるSPというよりも古くからある商慣行として存在してきた。近年では、商品の取り扱いを巡る業者間での関係と、ブランドのイメージを巡る生産者と消

費者との関係といった両側面から、リベートの見直しが進んでいる。

14-1-3 人的な支援プログラム

アローワンスやリベートが金銭的な支援であるのに対して、従業員の**教育支援プログラム**や**店舗実演**といった人的な支援を通じた流通向けプロモーションもある。情報通信機器のように複雑な商品や高級品などを扱う場合、十分な商品知識を有したメーカーの従業員による販売員の訓練が求められる。スーパーでは、食品メーカーによる実演販売によって、サンプルを魅力的に提供することができる。

14-1-4 トレードショー

トレードショー（trade show）とは、取引関係者が集まる会合で、メーカー、流通業者、販売業者などが参加する。これまでの流通向けプロモーションが、主として既存の取引先との関係を念頭に置いているのに対して、トレードショーは情報収集や新規顧客の開拓を目的としている。参加企業は、潜在顧客である企業に対して、自社の製品を展示したり、サービスを説明するといった情報提供を通じて、業界の情報収集をしたり、自社への反応を探ったり、新たな取引関係を築いたりすることができる。

14-2　人的販売とは

人的販売とは、4Pのプロモーションにおける人的な販売活動であり、店舗における販売員の活動、実演販売、コールセンターでの対応などが含まれる。人的販売は、伝達可能なメッセージの質、量、コストの点で広告と比較されることが多い。

広告やパブリシティの特性は、テレビ、新聞、雑誌、ラジオといったマスコミ媒体に代表されるような非人的媒体を用いて、メッセージを一度に大勢の人に届けられる点にある。この特性は、広告メッセージを伝達させるひとりあたりのコストを抑えられるというメリットをもつ一方で、広告のタイムやスペースといった制約を受けるというデメリットも併せもつことを示す。

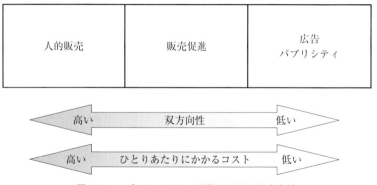

図 14-1　プロモーション活動における双方向性

　一度に広告が露出できるのは、テレビやラジオなどの電波媒体であれば長くても1分程度、新聞や雑誌などの印刷媒体であれば多くても数ページにすぎない。このように、限られたタイムやスペースのなかでは、広告商品について企業が伝えられることは、自ずと限りがある。

　パッケージグッズなどの一般消費財は、広告メッセージだけでも購買につながることがある。しかし、耐久消費財や産業財の購買行動を考えると、広告だけでは提供する情報が不十分な商品もある。たとえば自動車の場合、購入する車種を広告で決定したとしても、実際の価格がいくらになるのか、オーディオなどを変更するとどうなるのか、納車までどれくらいかかるのか、どのような書類が必要になるのか、支払い方法をどうするのかといったことについて、広告だけで伝えようとするのには無理がある。産業財メーカーのプロモーション活動について考えてみると、すでにターゲットは限られている。そのため、マスコミ媒体を使って広告する意味は、企業イメージを高めるという意味はあっても、部品などの売上を高めるという点では、あまり意味がない。これらの事項は、人的販売による双方向なやりとりを抜きにしては進めることができない。この**双方向性**(interactivity)は、プロモーション活動において人的販売が最もすぐれた点といえる（図14-1）。

　商品の流通経路を考えた場合、人的販売はメーカーから流通業者と消費者に向けて行われるもの、流通業者から消費者に向けて行われるものがある。SPA（speciality of retailer of private brand apparel、製造販売小売業）のように、

製造から販売まで一貫している業態では、このような区別がない場合もある。いずれにしても消費者に向けての人的販売は、顧客満足を高めるうえで非常に重要な活動として認識されており、たんに商品やサービスを販売するだけでなく、長期的な関係を築くことを目的とした活動が求められるようになっている。

メーカーや流通業者による人的販売に関わるマーケティングの視点には、販売員から消費者に向けて行われる**インタラクティブ・マーケティング**、企業から販売員を含めた従業員に向けて行われる**インターナル・マーケティング**（internal marketing）も含まれる。

14-3　人的販売の動向とインターナル・マーケティング

人的販売がマーケティングにおいてとくに注目されるようになったのは、**リレーションシップ・マーケティング**（relationship marketing）や顧客満足という概念が注目されるようになった1980年代以降のことである。

従来のマーケティングは、人口の増加といった市場の拡大を前提としてきた。つまり、市場のニーズを把握した製品やサービスを提供していれば、企業は自然と売上を伸ばすことができるという考えに立っていたのである。しかし、テレビや携帯電話のように製品やサービスの普及率が100％に近づいていたり、日本のように高齢化が進んでいる市場では、人口増による市場の伸びを期待できない。したがって、このような市場では、シェアを拡大しつつ同時に売上も伸ばしていくという関係が成り立ちにくくなっている。

リレーションシップ・マーケティングというコンセプトは、新規顧客の獲得や市場シェアの獲得ではなく、優良顧客の維持によって成長しようという発想から生まれた。既存顧客を維持することによって得られる便益は、顧客獲得費用の不在、基準利益の確保、単位顧客利益の増加、オペレーティング費用の低減、顧客紹介効果にあるとされている。優良顧客の維持は、新規顧客獲得よりも費用がかかりにくく、一定の利益を見積もりやすい。継続的取引のある顧客ひとりあたりの購買量は増加する傾向にあり、顧客の理解とともに商品説明などの取引コストは削減してゆく。さらには、顧客の紹介に

よって質の高い顧客を獲得することも可能であり、取引が継続的な顧客は価格プレミアムを受け入れやすいという。

　顧客を維持するためには、製品やサービスについての高い満足度が必要となる。顧客満足度を高めるためには、すぐれた製品やサービス自体も重要であるが、顧客を最も理解する立場にある従業員の働きも重要となる。従業員による素早い顧客対応ができるように管理者から現場へと意思決定権を移す**権限委譲**（empowerment: エンパワーメント）、従業員の生産性を高めるために**従業員満足**（employee satisfaction: ES）といった概念が議論されるようになった。

　顧客との長期的な関係構築を目的とする企業にとって、**顧客満足**（customer satisfaction）は戦略的に重要な要素となる。つまり、店舗としては単純に来店者数を増やすのではなく、購買数量や購買金額の高い来店者を増やすことが求められてくる。このような目的を果たすうえで人的販売は、プロモーション活動のなかでもとくに大きな役割を果たしている。

　営業部隊を中心とした、従業員を対象にしたSPも行われている。顧客満足の向上は、従業員の満足度や企業へのロイヤルティに基づいているとして、従業員の動機づけを行うことは、インターナル・マーケティングともよばれている。すでに見てきたように、流通業者向けのプロモーションには、従業員の研修プログラムなど人的販売の要素が含まれたものもある。販売部隊および従業員向けのプロモーションは、従業員の士気の向上を目的としている。販売部隊向けプロモーションとしては、販売数量や契約数に応じたインセンティブ、勤務態度を前提としたコンテストなどさまざまなものがあり、インセンティブとして特別手当が支払われる場合もあれば、自動車や海外旅行などの賞品が提供されることもある。優秀な従業員は、ホームページなどで紹介され、企業の取り組みを社外に知らせると同時に、社内に向けた広報としても機能している。

14-4 オンラインとセールス・プロモーション

　インターネットを活用したオンラインのSPは、急速に拡大している。インターネットを活用することで、企業は従来のSPにかかっていた費用を抑えることができる。たとえば、クーポンであれば印刷したものを配布し、回収する必要があった。オンラインのクーポンの場合には、クーポンのデータのデザインに費用がかかるものの、紙と比べた場合に費用が安く抑えられる。オンラインのクーポンの場合、紙のものよりも利用される割合が高いことも知られている。

　携帯電話やスマートフォンなどの携帯端末を活用したSPも盛んに行われるようになってきた。口コミサイト、LINEやFacebookなどのSNS、クーポンなどを提供するアプリなどを通じてSPを展開する場合もあれば、自社独自のアプリを提供してSPを提供する企業もある。インターネットに接続した携帯端末があれば、利用者は好きなときに好きなところでSPに関する情報を入手できる。オンラインでSPを展開すれば、利用者情報の入手可能性も高まる。とくに利用者の登録を前提としたSPは、商品のトライアル（試用）を促したり、購買期間の空いている顧客をよび戻すためのクーポンを提供するといったように、状況に合わせて柔軟にインセンティブを提供することができる。

　ブランドのなかには、ブランドのロゴなどを前面に出した**ブランドアプリ**(brand apps)を展開する企業もある。ブランドアプリを展開する企業には、SPの道具としての意味合いと、ブランドのロゴを頻繁に消費者に見てもらえるというメリットがある。携帯端末からのインターネット接続時間は、パソコンなどよりも長くなる傾向にあるため、ブランドや企業と消費者を結ぶ貴重な接点となりつつある。

　　　　　　　　　　研究のフロンティア

オンラインでのSPは、企業にとってSP費用を抑えることができるだけでなく、

企業が豊富な顧客情報を入手する可能性も高める。企業はSPなどを通じて得た情報をもとにして、顧客のニーズに合わせたSPを展開することもできる。このように、顧客ひとりひとりに合わせてマーケティングを展開することを**カスタマイゼーション**（customization）や**パーソナライゼーション**（personalization）という。

オンラインの利用行動を分析する技術（アナリティクス）によって、利用者の行動は細かく収集されている。とくに、携帯端末からのアクセスは、時間や場所といった情報だけでなく、利用者の趣味を反映した情報なども企業に提供されることがある。このような情報を活用すれば、パーソナライゼーションを精緻に行うことができるようになったり、オンラインサービスの改善を素早く行うことができるようになる。

オンラインのサービスの多くは、利用者が費用を支払わずに済ませることができる。しかし、サービス利用の前提には、利用情報をはじめとするプライバシー情報の収集や活用などが含まれている。これまでにも、企業からプライバシー情報が漏洩するなどの事件が起きている。オンラインにおける**プライバシーへの不安**（privacy concerns）が強い場合、オンラインのサービス利用を控えるということもあり得る。利用者の多くは、プライバシーへの不安があれば、オンラインのサービスを利用したくないという。しかし、現実には、プライバシーについて多少の問題があったとしても、得られる便益を優先してサービスを利用している。このような矛盾した行動を**プライバシー・パラドックス**（privacy paradox）という。

グループワークのための研究課題

1. どのようなトレードショーがあるだろうか。参加企業は、どのような企業が含まれているか調べてみよう。
2. オンラインで企業やブランドの提供するアプリやSPに参加しているだろうか。参加しているとしたら、その理由は何だったのか、企業やブランドに対する自分のイメージなどを話し合ってみよう。

参考文献

De Pelsmacker, P. ed. (2016). *Advertising in New Formats and Media: Current Research and Implications for Marketers.* Emerald Group Pub Ltd

Sasser, W. E., Schlesinger, L. A., & Heskett, J. L. (1997). *Service profit chain.*

Simon and Schuster（島田陽介訳：『カスタマー・ロイヤルティの経営―企業利益を高める CS 戦略』日本経済新聞社）

Schultz, D. E., Robinson, W. A., & Petrison, L. (1998). *Sales promotion essentials: the 10 basic sales promotion techniques ─ and how to use them.* McGraw Hill Professional

第15章 消費者行動論Ⅱ

　第8章では、消費者行動の包括的モデル、とくに、消費者行動研究において最も中心的な理論である消費者情報処理理論の概要を述べた。本章の前半では、消費者の情報処理過程のうち、情報取得、評価、意思決定の特性についてさらに詳しく説明し、マーケティングへの示唆について述べる。また、本章の後半では、消費者行動に影響を与える外的要因について論じる。

15-1 消費者の情報処理過程

　本節では、消費者の情報処理過程のうち、消費者による情報取得、評価、意思決定について説明する。

15-1-1 消費者の情報取得

　第8章で述べたように、消費者情報処理アプローチでは、消費者の情報処理能力には限界があることが仮定されている。消費者は、情報取得において認知的努力（「頭を使う」努力）を低減するために、長期記憶中の既存の知識や技能を有効に活用する。

　消費者は店頭において、あるいは広告やSNSなどによって新しい製品やサービスに接したとき、多くの場合、すでに知っている何らかの「**カテゴリー**」にそれを分類し、そのカテゴリーに付随した既有知識を新しい製品やサービスに当てはめることによって情報取得を行う。既有知識は断片的に記憶されているのではなく、何らかの形で整理された枠組みとして記憶中に保存されている。このように、消費者が新しい製品やサービスについての情報取得を行う際に用いる、整理された既有知識の枠組みを「**スキーマ**」という。たとえば、消費者は新しい缶入りの飲料を「ビール」カテゴリーに分類し、

「ビール」のスキーマ（味や風味などについての知識の枠組み）を当該飲料にも当てはめ、それについての情報取得を効率的に行うことができる。

また、消費者は、時間軸に沿って整理された、一連の行動に関する知識である「**スクリプト**」を記憶中に保持している。たとえば、レストランで食事をする際の一連の行動を考えてみよう。レストランに入ると、従業員の案内にしたがってテーブルに着席する、メニューを見る、注文をする、食べる、最後にレジで会計を行う、といったように決まった順序で行動する。消費者は、通常こういった一連の行動をそれほど深く考えずに行っており、過去の経験に基づいた知識としてあらかじめ頭の中にもっているといえる。

情報処理能力に限界をもつ消費者の情報取得を促進するためには、消費者が記憶中に保持する「スキーマ」や「スクリプト」を活用しやすいように、製品やサービスのカテゴリー・ラベルを適切に付与し、訴求することが望ましい。

消費者は、購買意思決定時にカテゴリーを用いて考慮集合（消費者が選択の際に選択肢として検討の対象とするブランドの集合）を形成することがある。このとき、どのようなカテゴリーが用いられるかによって、考慮集合の内容が変化する。たとえば、ある缶コーヒー・ブランドが「缶コーヒー」というカテゴリーに分類されれば、他の缶コーヒー・ブランドが同じ考慮集合に入るであろうが、「ダイエットに適した無糖飲料」というカテゴリーに分類されれば、緑茶飲料なども考慮集合に入るかもしれない。このように、自社の製品やサービスがどのようなカテゴリーに分類されるかによって、市場における実際の競争相手が変化することがあるため、マーケターはどのようなカテゴリーを強調して消費者に訴求するかを慎重に判断する必要がある。

15-1-2 消費者の評価

消費者行動研究では、ブランドなどに対する消費者の評価を表す概念として「態度（attitude）」が用いられてきた。態度とは、ある対象に対する「好き」、「嫌い」、「よい」、「悪い」といった全体的評価のことである。マーケターは、広告などによって消費者の自社ブランドに対する態度をより望ましいものに変容させなければならない。

ブランドなどに対する消費者の態度が広告などによってどのように変容するかを記述するモデルとして、ペティ（Richard. E. Petty）とカシオッポ（John T. Cacioppo）によって提起された「**精緻化見込みモデル**」がある（図15-1）。このモデルは、第8章で述べた「二重過程理論」の一種と考えられ、態度変容には「**中心的ルート**」を経由するものと「**周辺的ルート**」によるものがあると説明している。

　中心的ルートとは、二重過程理論におけるシステム2に対応する過程であり、論理的にじっくりと考えるような情報処理を経て態度が変容する過程である。中心的ルートがとられるとき、消費者はメッセージの重要な部分についてひとつひとつ慎重に処理する。また、中心的ルートを経由して変容した態度には持続性があるといわれる。

　一方、周辺的ルートは、二重過程理論におけるシステム1に対応し、「周辺的要素」を手がかりとして感情的に情報処理が行われ、態度変容が生じる過程である。ここで、周辺的要素とは、広告で使用されている視覚的デザインやBGM、広告に登場するタレントといったように、メッセージの本質的な内容に直接的には関係のない部分のことである。周辺的ルートを経て変容した態度は新たな説得（相手の態度、意見、行動をある特定の方向に変容させようとすること）によって変容しやすい。

　どちらのルートを通るかは、消費者の動機づけ（関与）と能力（知識）によって決定される。関与とは、製品やサービスが消費者にとってどれだけ重要か、あるいはそれに対して消費者がどれだけ関心やこだわり、思い入れをもっているかを表す概念である。たとえば、ある消費者にとって自動車という製品カテゴリーが重要であり、それに対する関心やこだわりが強いとき、その消費者は「自動車に対する関与度が高い」という。消費者が豊富な知識をもち、さらに関与度が高いとき、中心的ルートによる情報処理が行われる。一方、知識が不十分であるか、または関与度がそれほど高くない場合には、周辺的ルートによる情報処理が行われる。

　「精緻化見込みモデル」に従えば、消費者の能力、および動機づけの程度によって、コミュニケーションの内容を変化させることが望ましい。関与度が高く、知識が豊富なオーディエンスに対しては、ブランドに関する本質的

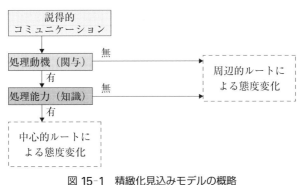

図 15-1　精緻化見込みモデルの概略

出典：Petty, R. E. and F. T. Cacioppo, *Communication and Persuasion: Central and Peripheral Routes to Attitude Change*, Springer-Verlag, 1986, p.4 を改変。

な情報を言葉によってより丁寧に伝えることが適切であろう。一方、関与度が高くないか、知識が豊富でないオーディエンスに対しては、それらの人々にとって魅力的な視覚的デザインやBGM、タレントを用いることがより効果的である。

15-1-3　消費者の意思決定

　意思決定とは将来の自らの行動を決定することであり、消費者は日常生活において購買する製品、サービス、ブランドの選択や店舗の選択といった意思決定を行っている。

　ノーベル経済学賞を受賞したH. A. サイモン（Herbert A. Simon）は、人間は本来的に情報処理能力に限界をもつため、利用可能なすべての選択肢から最良のものを選択するという「**最適化原理**」に基づいて意思決定を行うのではなく、一定の満足水準を満たす選択肢を選択するという「**満足化原理**」に従って意思決定を行う、と主張した。その後、サイモンの見解に影響を受けた心理学的研究が進展し、人間が日常的な意思決定に用いるさまざまな決定方略（意思決定のしかたに関するパターン）がみいだされてきた（表15-1）。これらの決定方略は、「**ヒューリスティックス**」（より少ない認知的努力と時間しか必要としない簡便な情報処理の方法）の一種である。消費者行動研究者のピーター（J. Paul Peter）とオルソン（Jerry C. Olson）は、消費者が日常的によく用いる

具体的なヒューリスティックスとして、表15-2のようなものを指摘している。

実際には、認知的努力を要しない非補償型方略によって選択肢を少数に絞り込み、補償型方略によってひとつの選択肢を採択するといったように、複数の方略の組み合わせによって意思決定が行われることが多い。

ベットマンらは、消費者は意思決定に際し、「消費目標」とは異なる、次の4つの「**意思決定目標**」をもつと主張している。ひとつ目は、「選択における正確性の最大化」であり、自らの消費目標をより正確に達成することができる製品やサービスを選択するという目標である。たとえば、「ダイエットをする」という目標をもつ消費者は、ダイエットにより効果的な製品やサービスを購買しようとするであろう。2つ目は、「選択に要する認知的努力の最小化」である。これまで繰返し述べてきたように、消費者の情報処理能力には限界があり、消費者は意思決定においても認知的努力を低減しようとする。3つ目は、意思決定時に「不愉快だ」、「嫌だ」といった否定的な感情を経験しないようにすることである。4つ目は、意思決定の結果を自分や他者に対して事後的に正当化できるようにすることである。

ベットマンらによれば、以上の4つの意思決定目標のうち「選択における正確性の最大化」と「選択に要する認知的努力の最小化」はとくに重要であり、両者の間にはトレードオフの関係があるという。つまり、自らの消費目標をより正確に達成しようとすれば、認知的努力が必要となり、認知的努力を節減しようとすれば、消費目標を正確に達成できなくなるかもしれない。

「選択における正確性の最大化」が相対的に重要なとき、補償型の決定方略が用いられやすく、「選択に要する認知的努力の最小化」が重要なときには、認知的努力がそれほど必要でない非補償型の方略が用いられやすくなるという。

実際のマーケティング・コミュニケーションでは、消費者が購買意思決定においてどのような決定方略を用いる傾向にあるかを見きわめ、それに即した情報提供を行うことが望ましい。たとえば、辞書編纂型の決定方略が用いられるとき、消費者にとって最も重要な属性において当該製品・サービスが競合よりもすぐれていることを強く訴求することが望ましいであろう。

表 15-1 決定方略

種類		具体的な意思決定方法
補償型	等荷重加算型	① 任意の選択肢について、属性ごとの評価値を決定する。 ② ①の評価値を合計し、その選択肢全体の評価値を決定する。 ③ すべての選択肢について①、②を行い、評価値が最も高い選択肢を採択する。
	荷重加算型	① 各属性に重みづけ(重要度の評価)を行う。 ② 任意の選択肢について、属性ごとの評価値を決定し、その評価値と①の重みをかけ合わせる。 ③ ②で得た値を合計し、その選択肢全体の評価値を決定する。 ④ すべての選択肢について①~③を行い、評価値が最も高い選択肢を採択する。
	加算差型	① 任意の一対の選択肢について、属性ごとに選択肢間の評価値の差を決定する。 ② 評価値の差を合計し、その値が大きい選択肢を採択する。 ③ 他の対についても①、②の処理を行う。 ④ 「トーナメント方式」で最後に残った選択肢を採択する。
非補償型	連結型	① 各属性について必要条件を設定する。 ② 必要条件を満たさない属性をひとつでももつ選択肢を棄却する。 ③ 全属性について必要条件を満たす最初の選択肢を採択する。
	分離型	① 各属性について十分条件を設定する。 ② 十分条件を満たす属性をひとつでももつ選択肢を採択する。
	辞書編纂型	① 最も重要な属性を決定する。 ② その属性において最も評価値が高い選択肢を採択する。 ③ その属性において評価値が等しい選択肢があるとき、次に重要な属性が決定され、②の処理を行う。
	EBA (Elimination-by-aspects)	① 最も重要な属性を決定する。 ② その属性の必要条件を設定する。 ③ 必要条件を満たさない選択肢を棄却し、残った選択肢がひとつのとき、それを採択する。 ④ 残った選択肢が複数のとき、次に重要な属性を決定し、②、③の処理を行う。 ⑤ 選択肢がひとつに絞られるまで、④の処理を行う。

筆者作成。

表 15-2 消費者がよく用いる選択ヒューリスティックス

製品群	種類	例
馴染みのある製品群、購買頻度が高い製品群からの選択	最高の機能	機能的パフォーマンスが最高のものを買う。
	好き嫌い	最も好きなものを買う。
	前回買ったもの	前回買ったものが満足できるものであれば、それを買う。
	重要な人物	配偶者、子供、友人などの重要な人物が好むものを買う。
	価格	最も安いものを買う。
	プロモーション	クーポンをもっているもの、値引きを受けられるものを買う。
新しい製品群、馴染みのない製品群からの選択	様子を見る (wait and see)	知合いが少なくとも1か月間使用し、推奨してくれるまで買わない。
	専門家からの助言	専門家やより知識が豊富な人物に選択肢を評価してもらい、その人物が選択したものを買う。

出所：Peter, J. P. and J. C. Olson, *Consumer Behavior and Marketing Strategy 8th Edition*, McGraw Hill, 2008, p.175 を改変。

15-1-4 ブランド・カテゴライゼーション

　自社ブランドや競合ブランドが消費者の頭の中でどのように位置づけられているかを理解しなければならないが、その際に役立つのが、「**ブランド・カテゴライゼーション**」の考え方である。ここでは、多くの研究者が参照するBrisoux and Laroche（1980）の枠組みに基づいて説明する（図15-2）。

　まず、消費者にとって購買が可能なすべてのブランド（「**入手可能集合**」）のうち、消費者が知っているものを「**知名集合**」、そうでないものを「**非知名集合**」という。「知名集合」は、「**処理集合**」と「**非処理集合**」とに分類される。前者の「処理集合」は、消費者がブランド名を知っているだけでなく、どのような特徴をもっているかなどについても知っているようなブランドである。後者の「非処理集合」は、消費者が名前を知っているだけで具体的な内容について理解していないようなブランドを指す。さらに、「処理集合」は、「**想起集合**」、「**保留集合**」、「**拒否集合**」に分類することができる。「想起集合」は、消費者が購買の候補として受け入れることができるとみなしているブランドの集合であり、「拒否集合」はそうではない選択肢の集合である。また、「保

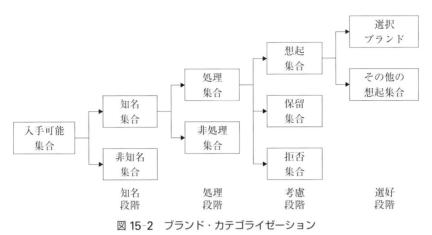

図 15-2　ブランド・カテゴライゼーション

出典：Brisoux, J. E. and M. Laroche, A Proposed Consumer Strategy of Simplification for Categorizing Brands, in J. H. Summey and R. D. Taylor (Eds.), 1980, p.113 を改変。

留集合」は、何らかの理由で消費者が購買の候補に入れることを決めかねている選択肢である。最終的には、「想起集合」のなかから、実際に購買が行われるブランドが選択される。

　ブランド・カテゴライゼーションの考え方によって、自社のブランドが顧客にどのように分類されているのかを把握することが可能になり、その分類に従ってブランド戦略を策定することができる。たとえば、自社のブランドが「非知名集合」に入っているとき、まずはブランド名を覚えてもらうことに焦点を当てたプロモーションを実施する必要がある。「非処理集合」に属している場合は、ブランド名を記憶してもらうだけでなく、特徴の理解や、望ましいブランド・イメージの形成を目的としたプロモーションなどが効果的であろう。また、自社のブランドが「拒否集合」にあり、肯定的な評価を獲得して「想起集合」に移行させることが困難である場合は、そのブランドの廃止や新しいブランドへの変更を検討する必要も考えられる。

15-2　消費者を取りまく外的要因

　消費者行動は、消費者個人の内的要因だけでなく、その人を取りまく社会

や文化といった要因によっても大きな影響を受ける。消費者行動をより深く理解するためには、これらの要因についても考慮しなければならない。この節では、消費者を取りまく外的要因として文化的要因と対人的要因を取り上げ、順に説明する。

15-2-1 文化的要因

　同じ製品や広告であっても、それに対する消費者の受け止め方は国や地域によってさまざまである。これは、それぞれの土地の人々によって共有されている**文化**の相違によるものである。文化という用語にはさまざまな定義があるが、ここでは、「社会の人々が共有する意味や価値を表したもの」としておこう。企業が複数の国や地域でマーケティングを展開しようとする際、その土地の文化に対して十分に留意し、対応しなければならない。場合によっては、文化の違いに基づいてブランド名や広告表現などを変えることも検討しなければならないであろう。

　ところで、同じ国や地域であっても、そこにある文化はひとつではない。ある国や地域全体の文化は、いくつかの下位文化（subculture）に分けることができる。下位文化は、年齢や性別などの人口統計的要因、都市部と郊外部のような地理的要因、価値観やライフスタイル、社会階層といった要因などによって形成されている。具体的に何によって下位文化が形成されるかは、国や地域によって異なる。米国では、国籍、人種、民族、宗教などが多様であり、これらの要因によっても下位文化が形成されている。これに対して、わが国では、関東圏と関西圏といった地域間における文化的差異に注目することが多い。

　どのような国や地域でマーケティング活動を展開するにせよ、国や地域全体の文化はもとより、さまざまな下位文化についても留意する必要がある。下位文化によって市場細分化を行い、特定のセグメントを標的市場として選択することによって、より効果的なマーケティング活動を実行することができるであろう。

15-2-2 対人的要因

　消費者は、企業がマス広告などを通じて発信するメッセージから直接的な影響を受けるだけでなく、身の回りのさまざまな人々からの影響も受ける。本項では、消費者行動に影響を与える対人的要因のうち、代表的な概念である「準拠集団」、「イノベーションの普及理論」、「オピニオン・リーダー」について検討する。

1）準拠集団

　消費者個人の意識や行動は、本人の知識や関心以外に、学校、職場、家族など、その人が所属する集団にも影響を受ける。一般に、個人の意識や行動に影響を与える集団を「**準拠集団**」という。

　準拠集団がもつ役割として、成員に対して情報を提供する情報源としての役割、成員に対して評価を与える規範としての役割、自らの価値観を他の人々に伝える価値表現の役割などをあげることができる。

　代表的な準拠集団のひとつが「家族」である。ひとことで家族といっても若年単身者、子どものいない若年夫婦、子どものいる若年夫婦、子どものいる中年夫婦、子どもが独立した熟年夫婦のように、さまざまな形態が見られる。マーケティング実務において重要なのは、家族形態の相違によって、購買や消費のパターンが異なることである。たとえば、若年単身者は出費の多くが自分自身の趣味や娯楽のためのものであろうが、子どものいる中年夫婦は教育費に多くのお金を投じるであろう。したがって、ターゲットとする層に対応してマーケティング活動のあり方を検討しなければならない。

　マーケティング実務において重要なもうひとつの点は、購買や消費における家族内での役割分担である。一般に、購買や消費における役割として、家族で最初に購買の話をもちかける「ゲートキーパー」、購買に影響を与える「影響者」、最終的に買うかどうかを決定する「決定者」、実際に店頭などで購買を行う「購入者」、使用または消費を行う「使用者」をあげることができる。たとえば、子どもがゲームソフトをほしいといい、母親が最終的に買うか否かを決め、祖父が実際に店頭で購入する、という状況を考えよう。この場合、子どもは「ゲートキーパー」および「使用者」、母親は「決定者」、祖父は「購入者」ということができる。企業は、こういった役割分担を認識

することによって、より適切なマーケティング活動を展開することができる。たとえば、「購入者」と「決定者」が異なるとき、「購入者」はターゲットとして必ずしも適切ではなく、むしろ「決定者」をターゲットとしてプロモーション活動を行うことが望ましいといえる。

2) イノベーションの普及

　第8章、および本章15-1では、個人としての消費者の情報処理過程が問題にされてきた。これに対し、社会学者のロジャースは、イノベーションすなわち、新しい製品やサービスなどがどのような過程を経て社会全体に普及するかについてのモデルを提案した（図15-3）。このモデルでは、新しい製品やサービスの採用時期によって、消費者が「革新者」、「早期採用者」、「早期多数派」、「後期多数派」、「遅滞者」の5つに区分される。

　最も早い時期に採用する少数の消費者層が「革新者」であり、きわめて冒険的な人々からなる。消費者が新しい製品やサービスを購買する際、さまざまなリスクをともなうが、「革新者」はこういったリスクをとることをいとわない。ただし、「革新者」はいわゆる「マニア」とよばれる人たちであることが多く、他の人々とのそれほど強い社会的関係をもたないため、早期採用者以降の人々に対してあまり大きな影響を及ぼさない。

　「革新者」の次に採用を行うのが「早期採用者」である。「早期採用者」は周囲の人々から注目されたり、尊敬されている人々であり、「オピニオン・リーダー」として周囲の人々の購買に影響を与える。

　「早期採用者」に影響を受けて採用する人々を「早期多数派」という。こ

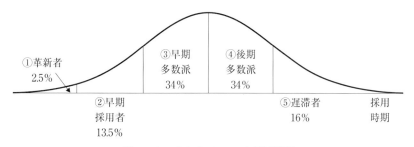

図 15-3　イノベーションの普及過程

出典：Rogers, E. M., *Diffusion of Innovations: Third Edition*, The Free Press, 1982,（青池愼一・宇野善康監訳『イノベーション普及学』産能大学出版部、1990年、p.356）を改変。

の部類に属する人々はより慎重に採用の決定を行い、人に先んじて採用することはあまりない。世の中で多くの人々に受容され始めてから採用を行うのが「後期多数派」である。最後に、最も遅いグループである「遅滞者」がこれらに続く。

Rogersのモデルを参照することによって、企業は普及段階に基づいたマーケティング活動を行うことができる。すなわち、企業が新規に製品やサービスを市場導入する際、リスクをいとわない「革新者」や、他の人々の購買に影響を与える「早期採用者」の採用を促進することが重要である。そのためには、「革新者」や「早期採用者」を特定し、それらの人々から製品やサービスについての認知と評価を確立することが課題となる。

研究のフロンティア

近年の消費者行動研究では、行動経済学の知見が導入されつつある。

第8章で述べたように、消費者行動研究における最も中心的なアプローチである消費者情報処理アプローチは認知科学、とくに認知心理学を源流としているが、行動経済学も認知心理学に強い影響を受けている。

伝統的経済学では完全に合理的、かつ利己的な「経済人」が仮定される。これに対して、1978年にノーベル経済学賞を受賞したサイモン（H. Simon）は、人間は情報処理能力に限界を有し、伝統的経済学が想定する「経済人」のように完全に合理的ではなく、「限定された合理性（bounded rationality）」をもつ存在であると主張した。その後、サイモンの見解を継承し、認知心理学の知見を積極的に導入することによって、トゥヴェルスキー（A. Tversky）、トゥヴェルスキーの共同研究者であるカーネマン（D. Kahneman）（2002年ノーベル経済学賞受賞者）、セイラー（R. Thaler）（2017年ノーベル経済学賞受賞者）といった研究者らが行動経済学を確立していった。このように、行動経済学は、伝統的経済学が仮定する「経済人」に対して、より現実に近い人間モデルを追究してきたため、消費者の現実の姿を探究する消費者行動研究にさまざまな示唆を与えてくれる。

紙幅の関係で行動経済学の先行研究を数多く紹介することができないため、ここでは、1989年に発表されたクネッチ（J. L. Knetsch）の研究を紹介しよう。彼が

行った実験では、参加者が3群に分けられ、各群には次のような条件が設定された。第1群にはマグカップが渡され、参加者はそれをそのまま保有し続けるか、チョコレート・バーと交換するかを選ぶことができる。第2群にはチョコレート・バーが渡され、参加者はそれをそのまま保有し続けるか、マグカップと交換するかを選ぶことができる。第3群の参加者はいずれか好きな方を選ぶことができる。実験の結果、第1群の参加者の89％がマグカップを保有し続けることを選択し、第2群の参加者の90％がチョコレート・バーを保有し続けることを選択した。また第3群の参加者はそれぞれ約半数ずつとなった。この研究結果が示すように、人はあるもの（商品等）を実際に保有している場合、それと同等のものを保有していない場合よりも、高く評価する傾向をもつ。セイラーは、こういった現象を「保有効果（endowment effect）」と命名した。保有効果は、上記の研究以外にも、いくつかの研究によって実証されている。ほとんどの消費者が生活必需品をすでに所有している現代の消費社会において、新しい製品やサービスの購買を実現することが容易でない理由の一端を保有効果によって説明することができるかもしれない。

グループワークのための研究課題

1. 製品、またはサービスを何種類か選び、そのカテゴリーについてどのようなスキーマをもっているか、あげてみよう。
2. 具体的なTVCMや新聞広告をいくつかあげ、自分がそれぞれについてどのように情報処理を行うかを、「精緻化見込みモデル」に基づいて比較してみよう。
3. 製品、またはサービスを何種類か選び、そのカテゴリーに属するブランドを「ブランド・カテゴライゼーション」の考え方に基づいて分類してみよう。また、その分類結果に基づいて、それぞれのブランドのマーケティング戦略を考えてみよう。

参考文献

Bettman, J. R., *An Information Processing Theory of Consumer Choice*, Addison-Wesley, 1979

Bettman, J. R., M. F. Luce, and J. W. Payne, "Constructive Consumer Choice Processes," *Journal of Consumer Research*, 25(3), pp.187-217, 1998

Brisoux, J. E. and M. Laroche, A Proposed Consumer Strategy of

Simplification for Categorizing Brands, in J. H. Summey and R. D. Taylor (Eds.) *Evolving Marketing Thought for* 1980, Southern Marketing Association, 1980

Knetsch, J. L., "The Endowment Effect and Evidence of Non reversible Indifference Curves," *The American Economic Review*, 79 (5), pp.1277-1284, 1989

Peter, J. P. and J. C. Olson, *Consumer Behavior and Marketing Strategy* 8th Edition, McGraw Hill, 2008

Petty, R. E. and F. T. Cacioppo, *Communication and Persuasion: Central and Peripheral Routes to Attitude Change*, Springer-Verlag, 1986

Rogers, E. M., *Diffusion of Innovations: Third Edition*, The Free Press, 1982, (青池愼一・宇野善康監訳『イノベーション普及学』産能大学出版部、1990年)

第16章 サービス・マーケティング論Ⅱ

　すぐれたサービスとは一体何であろうか。競合他社に比べてコストパフォーマンスのすぐれたサービスだろうか。それとも、どこよりも高品質のサービスのことだろうか。この問題に答えるためには、顧客満足やサービス品質といった概念についての理解が欠かせない。本章では、顧客満足やサービス品質について、それらの測定や向上のための方法などを詳細に説明する。

16-1　顧客満足

　すぐれたサービスかどうかを判断する代表的な指標が**顧客満足**（customer satisfaction）である。顧客満足はよく知られた言葉ではあるが、理論的な側面まで深く理解されているとはいいがたい。以下では、顧客満足を高めることの重要性や顧客満足の規定メカニズムなどについて説明する。

16-1-1　顧客満足の重要性

　顧客満足とは、「顧客がモノやサービスの購買・使用経験を経て主観的に感じる、自分のニーズがどの程度満たされているか（いないか）に関わる感情をともなった心理状態」（小野 2010, p.34, 一部変更）である。現在では、数多くの企業が自社の顧客満足を高めるためにさまざまな施策に取り組み、顧客満足の推移を継続的にモニタリングしている。たとえば、飲食店の卓上に置かれているアンケート用紙や、企業ウェブサイトを訪問した際に現れる満足度調査の案内画面などを見たことがある人も少なくないだろう。

　企業が顧客満足の向上を目指すのは、**ロイヤルティ**（loyalty）や**ポジティブなクチコミ意図**（positive-WOM intention）、**支払意思額**（willingness to pay）の向上などが見込めるためである。つまり、サービスに対する満足度が高けれ

ば、顧客はそのサービスを継続して利用したり、サービスに関する良い点を他者に話したり、サービスの価格上昇を許容したりするようになる。これらの結果、企業の売上や利益率が高まることが期待されるのである。

ただし、顧客満足とロイヤルティの関係は、多くの場合に非線形である点に注意する必要がある。実務では、満足度調査を行う際、「まあまあ満足（次点評価）」と「とても満足（最高評価）」の割合を合計して「満足」ととらえてしまうことが少なくないが、実際には両者のロイヤルティを比較すると大きな違いがある。たとえば、5段階で満足度を尋ねた場合、4点と5点の人々ではロイヤルティに6倍もの差がある。そのため、4点で満足せず、5点の割合を増やす努力をしなければ、顧客のロイヤルティを高めることは難しい。

16-1-2 不満足への対応

一方で、顧客は不満足を感じると、サービスの利用を中止したり、**苦情行動**（complaint behavior）を起こしたりすることがある。苦情行動には、サービス提供者に対する直接的な申し立てだけでなく、友人など他者に対するネガティブなクチコミ、メディアや行政機関といった第三者機関への申し立てなども含まれている。これらを放っておくと、企業の悪い評判が人々の間に広まり、多くの顧客を失ってしまう恐れがある。とりわけ、今日では、SNS上で発信されたネガティブなクチコミが瞬く間に世界中に流布してしまうため、不満足顧客への対応は以前にも増して重要になっている。

不満足顧客への対応は、**サービス・リカバリー**（service recovery）とよばれる。サービス・リカバリーには、現金割引やクーポンの提供といった金銭的補償のほか、不満足の原因となった事象（サービスの失敗）についての原因説明や謝罪などが含まれており、迅速かつ誠意をもってこれらの対応に取り組むことが成功の鍵となる。興味深いことに、適切なサービス・リカバリーを行うことで、サービスの失敗がなかった場合よりも顧客満足度が高くなることがある（リカバリー・パラドックス）。顧客満足の回復によって、ロイヤルティも向上するため適切なサービス・リカバリーの実施はリレーションシップ・マーケティングの観点からも重要である。万が一の失敗の際にも適切な対応ができる企業こそ、真にすぐれたサービスを提供できる企業といえよう。

16-1-3 顧客満足を規定する要因

　顧客満足はサービス利用前の期待とサービス利用後の知覚のギャップに基づいて決まる。この考え方を**期待不一致**（expectancy-disconfirmation）という。なお、知覚とは、機械を使った客観的な測定ということではなく、顧客による主観的な評価であることを意味している。

　顧客はサービスを利用する前に、プロモーションや価格、クチコミなどの手がかりをもとに**サービス品質**（service quality）に関する期待を形成する。そして、実際にサービスを利用したときに知覚したサービス品質を、事前の期待と比べて満足度の評価を下すのである。「期待＞知覚」であれば顧客不満足が生じ、「期待≦知覚」であれば顧客満足が生じる。したがって、プロモーションなどによって顧客の期待を過度に高めることは、かえって後に不満足を生むことにもつながりかねないので、注意が必要である。

　なお、顧客はサービス品質だけでなく**知覚価値**（perceived value）に関しても期待を抱くとされている。知覚価値とは、コストパフォーマンス（価格に対する納得感）のことである。どれほど品質のすぐれたサービスであっても、支払った金銭的価値にみあわないものであれば、満足度は低くなってしまう。したがって、マーケターはサービス品質と知覚価値の2つに目を配り、期待と知覚のマネジメントに取り組む必要がある。

16-1-4 日本版顧客満足度指数（JCSI）

　ここまで、顧客満足を高めることのメリットと顧客満足を規定する要因について説明してきた。これらを総合すると、図16-1のような因果モデルとして表すことができる。中央に位置している顧客満足から伸びている矢印の先がメリット、顧客満足に向けられた矢印の出発点が規定要因である。

　こうした因果モデルは、産業界でも支持を得て活用されている。サービス産業生産性協議会が運用する**日本版顧客満足度指数**（JCSI）がその代表例である。JCSIは、2009年のリリース以来、サービス業を中心として毎年約400の企業を対象に実施されている大規模な顧客満足度調査である。調査結果を参照することで、自社の顧客満足度やその理由などはもちろん、どの業界の

図 16-1　顧客満足の因果モデル（JCSI）

出所：小野（2010），p.95（一部修正）。

顧客満足度が高いのか、その推移はどのようになっているのかも知ることができる。調査結果の一部は同協議会のホームページでも公開されており、誰でも閲覧することが可能である。

16-2　サービス品質

　顧客満足を規定する要因のなかでも、とくに重要なのがサービス品質である。顧客満足がサービスに対する感情をともなった全体的評価であるのに対して、サービス品質はサービスのさまざまな側面についての認知的評価だという違いがある。本節では、サービス品質の規定要因や測定方法などについて説明する。

16-2-1　サービス品質の規定要因

　サービス品質は、**結果品質**（outcome quality）と**過程品質**（process quality）という2つの側面から構成されている。結果品質は、サービス提供の結果に関する品質であり、鉄道であれば目的地に時間通り着くこと、レストランであれば料理が美味しいことなどを指す。一方の過程品質は、サービス提供の過程に関する品質であり、鉄道であれば移動中の居心地のよさ、レストランであれば食事中のウェイターの接客態度などである。すぐれたサービスをつくりあげるためには、結果品質と過程品質の両方を高める必要がある。

　では、企業は具体的にどのような点に注力すればよいのだろうか。サービス・マーケティングでは、4Pの設計はもちろんのこと、次にあげる3つの

要素を適切に管理することが重要とされている。

1）顧客接点のサービス提供者との相互作用

　サービス提供においては多くの場合、顧客とサービス提供者の間で相互作用が生じる。サービス提供者に求められるのは、相互作用の過程において消費者のニーズを察知する共感能力、消費者のニーズに応えるためのスキルや専門知識、消費者に心地よさを知覚させる接遇態度などである。そのため企業は、顧客接点のサービス提供者に対して研修を実施したり、すぐれたサービスを行った従業員に対して報酬を出したりして、相互作用の質の向上に努める必要がある。

2）サービスが提供される物理的環境

　インテリアの素敵なレストランで食事をすると、料理を一層美味しく感じることがある。これと同様に、サービス提供を受ける物理的環境は、サービス品質などの知覚にも大きく影響する。こうしたサービス提供を受ける物理的環境や設備のことを**サービススケープ**（servicescape）とよぶ。サービススケープには、壁の色やBGM、室温、座席の硬さ、香りなど、五感に働きかけるあらゆる要素が含まれている。また、サービススケープは、顧客のみならずサービス提供者にも影響を及ぼし得る。それゆえ、サービススケープの適切な設計・管理は、サービス提供者にすぐれたサービスを提供してもらうためにも不可欠である。

3）サービス提供の場に居合わせた他の顧客

　サービス提供を受ける際に居合わせる顧客の存在や振る舞いによっても、サービス品質の知覚は変わってくる。たとえば小売店やテーマパークでは、適度の賑わいが顧客の気持ちを高揚させるが、過度の混雑は逆効果である。また、映画館では、映画本編の内容が素晴らしいものであっても、隣の人がうるさければ、トータルでのサービス品質は低くなるだろう。したがって、サービス提供者には、テーマパークであれば入場制限の実施、映画館であればマナー向上の啓発といった、顧客の振る舞いを制御するための工夫が求められる。

表 16-1　SERVQUAL の質問項目

評価の観点	意味	質問の例
有形要素	物理的な設備・施設、機器類、従業員の身なり、姿かたち	～～社は、最新の設備を備えている ～～社のサービス従業員は身なりが良く、きちんとしている
信頼性	約束したサービスを間違いなく正確に提供できる能力	～～社はサービス提供の時間を約束した場合、必ずその通りに実行する ～～社はあなたが何か問題を抱えたときは、心からの関心を持って解決を手助けする
反応性	顧客を手助けし、迅速にサービス提供を行う意思	～～社のサービス従業員は顧客に迅速なサービスを提供する ～～社のサービス従業員はいつでも進んで顧客の手助けを行う
確実性	従業員の知識、礼儀正しさと顧客に信用と信頼感を与えることのできる能力	～～社のサービス従業員は信頼できる ～～社のサービス従業員は礼儀正しい
共感性	個々の顧客に対する、サービス提供企業の心からの気配り	～～社は顧客に個別の目配りをしてくれる ～～社のサービス従業員は顧客のニーズが何であるかを理解している

出所：小宮路編著（2012），p.44（一部修正）

16-2-2 サービス品質の測定

　自社のサービス品質が顧客からどのように評価されているのかを知ることは、サービスの改善を行ううえで欠かせない。そこで必要なのが、サービス品質を正確に測定するための方法である。今日、最も幅広く用いられているのが SERVQUAL（サーブカル）という尺度を用いた方法である。

　SERVQUAL は、「有形要素」「信頼性」「反応性」「確実性」「共感性」という5つの観点からサービスについて評価する尺度であり、計21項目の質問から構成されている。顧客満足の節で説明した「期待不一致」と同じく、サービス品質も事前の期待と事後の知覚のギャップによって決まる。SERVQUAL の質問項目をサービス利用前と利用後にそれぞれ尋ねて差分をとり、「期待≦知覚」となればサービス品質が高いと判断される。5つの観点の意味と具体的な質問項目の例は、表16-1に示す通りである。

16-2-3 サービス品質ギャップ分析

　SERVQUALで「期待＞知覚」となった場合、顧客はそのサービス品質を低く評価していることになる。では、こうした負のギャップはなぜ生じてしまうのだろうか。問題の原因を探るために有効なのが、サービス品質ギャップ分析である。この分析手法では、以下の4点を点検することで、期待と知覚の負のギャップの原因を特定できる（Zeithaml, Parasuraman, and Berry 1990；小野 2010）。

　第1に、「企業が把握した顧客の期待」と「顧客の真の期待」の間のギャップである。そこにギャップがある場合、おもな原因として、マーケティング・リサーチの不十分さが考えられる。たとえば、マーケティング・リサーチでは、顧客が店員に丁寧な接客を求めていると報告されたが、実際には自由に買い物をさせてもらいたいと思っている顧客が多いといったことである。この場合、顧客の本当の期待から外れたことをしているため、サービス品質は低く評価されてしまう。

　第2に、「企業が把握した顧客の期待」と「サービスの設計」の間にギャップがある場合である。たとえば、顧客は24時間電車に乗れれば便利と考えていることを企業が把握していても、人手不足などの理由から実際に終夜運行の実施には踏み切らない場合などがある。こうしたギャップの背景には、技術やコストに関わる問題があることが多い。

　第3に、「サービスの設計」と「顧客接点での活動」にギャップがある場合である。たとえば、顧客の注文から60秒以内にバーガーを提供することを企業の目標としていても、実際には現場の人手不足や設備不良といった理由から、そうした目標が達成できない場合などがある。

　第4に、「顧客接点での活動」と「マーケティング・コミュニケーション」の間にギャップがある場合である。CMでは爽やかな好青年が荷物を宅配している様子を流しているにもかかわらず、実際にはだらしない格好をしたタバコ臭い人物が荷物を届けにくるような場合がそれにあたる。

　上記で紹介したギャップがどれかひとつ起きている場合もあれば、複数生じている場合もある。それらのギャップを企業が一丸となってひとつひとつ解消していくことで、顧客の知覚するサービス品質を高めることができる。

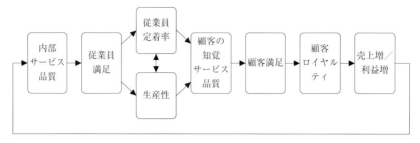

図 16-2　サービス・プロフィット・チェーン

出所：Heskett et al. (1994), p.166, 一部修正。

16-3　サービス・プロフィット・チェーン

　サービス品質ギャップ分析からも明らかなように、顧客接点で活動する従業員は、顧客に対するすぐれたサービス提供を実現するうえできわめて重要な存在である。そのため企業は、顧客接点にいる従業員の適切な管理、すなわち**インターナル・マーケティング**（internal marketing）に取り組まなければならない。

　インターナル・マーケティングは、従業員を内部顧客と見なし、彼らのニーズに企業が応えていくことで**従業員満足**（employee satisfaction：ES）を実現するための活動を指す。具体的には、従業員にとって価値の高い職務を提供したり、従業員が職務で力を発揮するためのトレーニングや動機づけを行ったりすることなどが含まれる。

　従業員の動機づけにとってとくに効果的とされるのが、**エンパワーメント**（empowerment）である。エンパワーメントは、日本語では権限委譲といい、従業員に意思決定の裁量権を与えるという意味である。自分の判断で目の前の問題に対応していくことを許された従業員は、職務の遂行を通じて自信や充実感を得る。その結果、従業員満足が向上するのである。

　インターナル・マーケティングを行うことで、職場環境や職務内容といった内部サービス品質が充実し従業員満足が向上する。満足度の高い従業員は組織への定着率が高いため、質の高い仕事を効率良く行えるようになる（従

業員定着率と生産性の向上)。その結果、顧客の知覚するサービス品質や顧客満足は向上し、最終的には企業の売上や利益増につながる。こうした一連の因果関係は、**サービス・プロフィット・チェーン**（service-profit chain）としてモデル化されている（図 16-2）。

　サービス・プロフィット・チェーンでは、売上増／利益増から、内部サービス品質へのフィードバックが組み込まれている点も重要である。これは、企業が得た利益の一部を従業員の待遇改善などに還元することで、サービス・プロフィット・チェーンの因果関係がさらに強化されるというポジティブな循環が生まれることを表している。このモデルに示されているように、顧客に対してすぐれたサービスを提供するためには、まず組織に所属する従業員を大切にすることが重要なのである。

研究のフロンティア

　ここでは、2010 年代以降、欧米を中心に研究が進められている**変革志向サービス研究**（TSR: transformative service research）について紹介する。TSR は、消費者と従業員のウェルビーイング（well-being）の実現において、サービスが果たす役割の解明を目的とした研究領域である。ウェルビーイングは直訳すると「良好な状態」であるが、そこには健康や幸福、QOL、格差の是正、リテラシーの向上、サービスへのアクセス向上などさまざまな意味が含まれている。顧客満足やロイヤルティの向上を目的とした従来のサービス・マーケティングと比較すると、消費者と従業員を生活者ととらえ、その生活を支援するという奥行きのある内容を志向している点に特色がある。

　TSR では、医療サービスや教育サービス、金融サービスを研究対象とすることが多いが、その他にも小売店の従業員との交流が高齢者の身体的・精神的健康に与える影響、顧客接点で働く従業員の身体的・精神的健康の改善（たとえば、燃え尽き症候群の防止）など、多彩なトピックが含まれている（Ostroom, Mathras, and Anderson 2014）。

　日本でも少子高齢化の進展や経済格差の拡大、ブラック企業における過労死など、さまざまな課題が生じており、TSR の研究成果に対する今後の期待は大きいとい

えよう。

> **グループワークのための研究課題**
>
> 1．サービスの失敗に遭遇した際、企業からどのようなサービス・リカバリーを受けたことがあるかをグループで共有し、どういった対応に満足／不満足を感じたかまとめてみよう。
> 2．顧客満足とサービス品質は、どちらも事前の期待と事後の知覚のギャップに基づいて決まるとされている。この考え方に問題はないだろうか。実際に自分が同様の調査を受けることを想像しながら、話し合ってみよう。

> **参考文献**

小野譲司（2010）『顧客満足 [CS] の知識』日本経済新聞出版社

小宮路雅博編著（2012）『サービス・マーケティング』創成社

Heskett, J. L., T. O. Jones, G. W. Loveman, W. E. Sasser, L. A. Schlesinger (1994), "Putting the Service-Profit Chain to Work," *Harvard Business Review*, 72(2), 164-174.（DIAMONDハーバードビジネスレビュー編集部翻訳（2000）『顧客サービス戦略』ダイヤモンド社、13-45）

Ostrom, A. L., D. Mathras, and L. Anderson (2014), "Transformative Service Research: An Emerging Subfield Focused on Service and Well-Being," in *Handbook of Service Marketing Research*, Rust, R. T. and M.-H. Huang (ed.), Edward Elgar Publishing, 557-559

第17章　インターネット・マーケティング論

> 本章ではインターネットを活用したマーケティング活動について論じる。企業がインターネット上でマーケティング活動を行うとき、主要なツールは次の3つである。自社ウェブサイト、広告、そしてネットショップ。本章ではこれら3つにフォーカスして概説する。

17-1　ウェブサイトの構築と運用

17-1-1　インターネットとウェブサイト

　インターネットとは、個人、企業、政府などさまざまな利用者によって相互接続されたネットワークである。インターネットはWWW（world wide web: ウェブ）をはじめとして、電子メールや音声通信、あるいはファイル共有など、さまざまな形で利用されている。インターネットは現代においては不可欠な世界規模の社会基盤（インフラ）となっている。

　ウェブサイトは、ウェブ上に置かれた情報のひとかたまりである。ウェブサイトはウェブサーバー上に構築され、通常、広く一般に開放される。ユーザーはウェブブラウザを用いてウェブサーバーにアクセスし、ウェブサイトを閲覧することになる。ウェブの最大の特徴は**ハイパーリンク**（hyperlink）にある。ハイパーリンクによって、テキストやボタンをクリックすることで瞬時に別のページや別のウェブサイトに移動することができる。その意味でウェブ環境は能動的（active）であるといえる。

17-1-2　企業ウェブサイト

　企業がインターネットを利用してマーケティング活動を行おうとするとき、まず必要となるのが自社ウェブサイトである。現代においては、その大小を

問わず、多くの企業が自社ウェブサイトを所有している。自社ウェブサイトはネット上の本社であり、自社の顔である。そのため、自社ウェブサイトの設計はマーケティング戦略的に非常に重要である。

17-1-3 企業ウェブサイトのコンテンツ

企業ウェブサイトのコンテンツは規定があるわけではないが、多くの場合、ウェブサイト上に載せるべき必要な情報は共通であり、結果的に似通ったものになる傾向にある。

企業ウェブサイトの主要コンテンツは、①**コーポレート・パート**、②**マーケティング・パート**、③**カスタマーサポート・パート**の3つに分類できる。これら3つのコンテンツはそれぞれ、ステークホルダー（利害関係者：顧客、従業員、株主・投資家、メディア、地域社会、政府など含む）、見込み顧客、既存顧客を対象としている。また、サイトによっては**ネットショップ**が併設される場合もある。

コーポレート・パートは**コーポレート・コミュニケーション**の機能を有するものであり、具体的なコンテンツとしては、会社情報（会社概要、沿革、経営トップの挨拶、企業理念など）、投資家向け情報（IR）、採用情報などがあげられる。マーケティング・パートは**マーケティング・コミュニケーション**の機能を有しており、製品情報、見積もり、オプション情報、購入方法、購入前FAQ、CM情報などのコンテンツが提供される。また、マーケティング・キャンペーンに合わせた特設ページなどもマーケティング・パートの一形態である。カスタマーサポート・パートは現ユーザー（既存顧客）向けのコンテンツが用意される。マニュアル、ソフトウェア・ダウンロード、問い合わせ情報などがおもなコンテンツとなる。ウェブサイトを設計する際には、このように主要ターゲットを想定したわかりやすく論理的な構造を構築する必要がある。

17-1-4 ウェブサイト設計の際の留意点

ウェブサイトを設計するにあたっては、さまざまな点に留意しなければならない。ここでは、**ユーザビリティ**、**UX**、**SEO**、**レスポンシブ対応**について

触れておく。

　ユーザビリティ（usability）は「使いやすさ」と訳されるが、使用性、有効さ、効率、満足度などが指標としてあげられている。すなわち、ユーザーの使いやすい環境を提供しようとすることがユーザビリティである。

　UXはユーザー・エクスペリエンス（user experience）のことであり、ある製品やサービスを利用したり消費したりしたときに得られる体験の総体のことである。UXはユーザビリティではとらえきれない、より幅広い概念であり、使いやすさに加えて、好ましさ、アクセスのしやすさ、信頼性の高さ、価値の高さなどが構成要素と考えられている。

　SEO（**検索エンジン最適化**）とはGoogleに代表される**検索サービス**において、そのウェブサイトが検索されやすくするための諸策のことである。ウェブユーザーの行動の出発点のひとつは検索であり、検索結果の上位に表示されることは非常に重要である。また、とくにGoogleは多くのルールを設けており、これらのルールに反すると検索結果から排除されてしまう。そのためこうしたルールに違反しないようにすることもSEOの重要課題となっている。

　レスポンシブ対応とは、スマートフォンをはじめとするモバイル機器のディスプレイサイズに応じて表示のしかたを切り替える機能のことである。とくにスマートフォンからのウェブ・アクセスが主流になりつつあり、スマートフォンの小さい画面でも操作・閲覧をしやすくすることが重要となっている。また、Googleの検索アルゴリズムにもモバイルフレンドリー基準が導入されており、その重要性はさらに増している。

17-2　インターネット広告

17-2-1　トリプルメディア

　トリプルメディアとは、インターネット上で企業が活用できるメディアを3つに分類したものである。

①**ペイドメディア**（paid media）：広告枠を買うなど、購入することで得られる従来型の広告モデルのこと。

②**オウンドメディア**（owned media）：自身が所有するコンテンツのこと。自社サイトやブログなどがあてはまる。

③**アーンドメディア**（earned media）：評判や信用を得るメディアのこと。企業が直接コントロールすることはできない。

なお、＋1として**シェアードメディア**（shared media：ソーシャル・ネットワーク上のアカウントの活用）を加えて論じられることもある。

トリプル・メディア（＋1）はインターネットで企業が活用できるツールを理解するうえで役に立つ。ペイドメディアでユーザーを集め、オウンドメディアでユーザーに理解・関心を深めてもらい、アーンドメディアで他のユーザーに拡散してもらう、というのがそれぞれのメディアの基本的な役割となる。

前節で取り上げた企業ウェブサイトはオウンドメディアのひとつである。一方、本節で扱うインターネット広告はペイドメディアにあたる。

17-2-2 インターネット広告の種類

インターネット上の広告はさまざまに分類できるが、まずは大きく①**ウェブ広告**、②**メール広告**、③**アプリ内広告**の3つに分けることができる。ウェブ広告はウェブブラウザを通してウェブサイトを閲覧、またはサービスを利用する際に表示される広告で、その種類は多い。ウェブ広告はインターネット広告の主要形態であり、インターネット広告というとウェブ広告を指す場合もある。メール広告は電子メールを利用した広告で、ダイレクトメールやメールマガジンなどの形態をとる。アプリ内広告はおもにスマートフォンにおいてブラウザアプリ／メールアプリ以外の、たとえばキュレーションアプリやゲームアプリなどの、インターネットを介してサービスを利用するアプリを使用時に表示される広告のことである。次項でウェブ広告について詳述する。

17-2-3 ウェブ広告の種類

ウェブ広告を形態別に分類すると、おもに①**バナー広告**、②**テキスト広告**、③**動画広告**に分けることができる。バナー広告は、おもに横長の長方形（さ

まざまなサイズがあり、縦長のものもある）の枠内に広告を表示させるものであり、ウェブ上では最も一般的な形式である。バナー広告は通常は静止画である。テキスト広告は、記事タイトルなどと同様の文字列であるが、広告となっているものである。

　いずれも通常はハイパーリンクになっており、リンク先は**ランディングページ**とよばれる。ランディングページは製品紹介ページであったり、キャンペーンサイトであったり、あるいはネットショップの該当商品ページやサービスの会員登録ページであったりする。とくにキャンペーンサイトの場合には、ブランド・イメージを強調する表現や詳しい情報を掲載することが可能であり、実質的にはランディングページが広告の本体である場合もある。

　動画広告にはいくつか種類がある。通常のウェブサイトに貼り付けられた動画広告を**インバナー広告**という。バナー広告の発展形とすることもできる。次に、YouTubeなどの動画サービスにおける動画再生の前後（あるいは中盤）に流される動画広告は**インストリーム広告**とよばれる。また、ユーザーがウェブページをスクロールして動画広告部分が表示されたときに再生が開始される動画広告を**インフィード広告**（インリード広告）という。**SNS**（ソーシャル・ネットワーク・サービス）のタイムライン（あるいはフィード）上に表示されるものもこれに該当する。

　次に、ウェブ広告はその特徴からいくつかの種類に分けることができる。これらはそれぞれ、既述した形態（バナー、テキスト、動画）のいずれかを採る。

1) アフィリエイト広告

　アフィリエイト・プログラムとは、ASP（アフィリエイト・サービス・プロバイダー）を通じてウェブサイトの管理者（アフィリエーター）が自身のサイトに広告を掲載することを可能にするサービスのことである。ASPはアフィリエイターと広告主を結びつける役目を果たす。このサービスを利用した広告をアフィリエイト広告とよぶ。このアフィリエイト広告では、個人ですらも広告メディアになることができる。従来の広告のしくみ（媒体社が広告枠を販売する形）とは大きく異なる点で、理論的には画期的である。

2) リスティング広告

　おもに**検索連動型広告**のことを指す。検索サービスの検索結果に表示され

る広告で、検索キーワードに呼応して広告が表示される。ユーザーは間違いなくそのキーワードに関心をもっているわけであり、確実にターゲットを絞ることができる。なお、リスティング広告に**コンテンツ連動型広告**を含める場合がある。コンテンツ連動型広告は、そのページの内容に近い広告を広告枠に自動的に表示する広告である。

3）アドネットワークおよびアドエクスチェンジ

ウェブ広告では個人（のブログなど）が広告メディアになりうるわけだが、広告主からすると、たとえばひとつのブログだけではメディアのパワーは不十分である。また、複数のブログのオーナーと個別に契約するのでは煩雑である。そこで、広告主が一度に大量のトラフィックを得ることができるように、広告会社が複数のサイトの広告枠をまとめてひとつの広告枠として販売するようになった。このような複数のサイトの広告枠をまとめて管理するサービスをアドネットワークとよぶ。また、こうしたアドネットワークをさらに串刺しにして入札方式のインプレッション課金型に統一したサービスをアドエクスチェンジとよぶ。アドエクスチェンジでは **RTB (Real Time Bidding)** により、ユーザーがページにアクセスした瞬間にそのページの広告枠が入札される。RTBではユーザーの特性を細かく指定可能なため、アドエクスチェンジは、どのサイトの広告枠へ入札するかというよりも、どのユーザーへ入札するか（広告を届けるか）という意味合いを有している。

4）ソーシャルメディア広告

LINE、Facebook、Twitter、Instagramなどのソーシャルメディアに出す広告をソーシャルメディア広告という。ソーシャルメディアにおいてはユーザーの属性がかなり細かく把握されており、ユーザー属性に合わせた広告の出稿が可能となっている。

5）ネイティブ広告

まだ定義がはっきりしない部分もあるが、コンテンツに添えられる従来型の広告ではなく、広告そのものがコンテンツである、という考え方から「ネイティブ（本来の）」と名づけられた広告のことである。ウェブ上ではユーザーは能動的であり、自分の求める情報だけを選んでいく。そのため、従来型の「添えられる形の」広告では、どのような形態であっても、結局は邪魔

な存在でしかない。一方、広告そのものがユーザーの求める情報であれば広告は邪魔なものにならない、ということになる。ネイティブ広告の本質は通常の記事と誤認させることではない、という点を理解すべきである。

17-3　ネットショップ

17-3-1　ネットショップの種類

　ウェブ上で小売販売する店舗のことをネットショップとよぶ。法律的には無店舗販売の通信販売の一形態として、おもに**特定商取引法**によって規制される。ネットショップの出店方法には、①自社サイトでの出店、②**バーチャル・モール**での出店、③オークション・サイト内での出店、の3つがある。出店方法の選択は店舗の規模や重要性、かけられるコストなどを勘案して選択されるべきである。

17-3-2　ネットショップに求められる機能

　ネットショップは通常のウェブサイトに比べて、さまざまな機能が必要である。必要となるおもな機能としては、商品管理とマーチャンダイジングを行うための①商品データベース機能、ユーザーの購買経験を決定づける②買い物かご機能、スムーズな顧客対応やリピート購買に繋げるための③顧客データベース機能、最終的な購買意思決定に影響する④決済機能、そして必要不可欠な⑤セキュリティ機能、があげられる。したがって、独自にネットショップを立ち上げるにはかなり技術的に専門知識が必要である。現在ではその規模に応じて簡単に利用できるパッケージ化されたサービスも多く存在するが、ネットショップのマネジメントにはそれなりの労力が求められることに変わりはない。

17-3-3　ウェブユーザーの購買行動とそれへの対応

　ネットショップを成功に導くには、ウェブユーザーの購買行動を理解し、それに対応しなければならない。図17-1はウェブユーザーのネットショップ利用の一般的な流れとそれに対するネットショップ側の対応をまとめたも

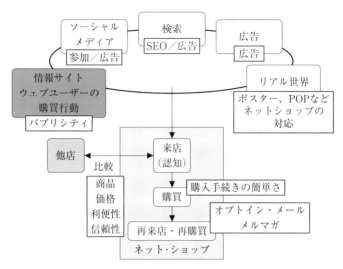

図 17-1　ウェブユーザーの購買行動とそれへの対応
出所：高畑（2010）p. 250 に加筆修正。

のである。

　ネットショップとリアル店舗との大きな違いは「通りすがり」がないことである。リアル店舗であれば、人通りの多い駅前や人の集まるショッピング・センター内などに出店することで、店舗を認知させ集客することができる。しかし、ネットショップではそれは起こり得ない。そのため、ネットショップはさまざまな努力をして集客をする。この集客については、ウェブユーザーの行動から逆算すると効果的である（以下、図 17-1）。

　ウェブユーザーが来店前に取る行動としては、①検索し検索結果をクリック、②広告をクリック、③ソーシャルメディアで共有されたリンクをクリック、④情報サイトの記事のリンクをクリック、⑤リアル世界の情報に接してURL（Uniform Resource Locator）を直接入力したり、QR コードなどでURL を取得したりする、などが考えられる。ネットショップ側としてはこれらのそれぞれに対応するために、① SEO 対策をする／リスティング広告を出稿する、②広告を出稿する、③口コミを広める／ソーシャルメディア広告を出稿する、④ニュース・リリースなどでパブリシティ政策を促進する、⑤リアル世界で情報を発信する、というように多面的な努力が必要である。

次に、さまざまな努力の結果、ウェブユーザーが来店したとして、必ず自分のショップで購買してくれるわけではない。リアル世界と比べて、他店への移動・比較が簡単なため、競合店に心変わりしてしまう可能性が少なくない。そのため、競合店との優位性を確保することが必要になる。優位性の源泉として考えられるのは①商品、②価格、③利便性、④信頼性である。もし①商品の差別化が可能であれば、最も有効な競争優位を得ることができる。②価格は極限的な価格競争に陥る可能性があるので、気をつけなければならない。③利便性は購入手続きや決済のしやすさ、商品の受け取りやすさなどで差がつく。④信頼性は、ネットショップの規模やブランド、第三者からの評価、情報の豊富さ、店長などスタッフの存在感、などで得られる。

　さまざまな比較を経て、ウェブユーザーは購買を決定する。その次のステップは購入手続きである。購入手続きはなるべく簡単でわかりやすくなくてはならない。ウェブユーザーはストレスを感じるとすぐに他の店舗に移動してしまうからである。

　最後に、囲い込み、すなわち再来店・再購買を促すことは重要である。ネットショップがリピーターを獲得するのは難しい。そこで**オプトインメール**や**メールマガジン**を発行して、継続的に購買履歴者にアプローチをしていく必要がある。

研究のフロンティア

モバイルの特性を活かしたマーケティングへ

　インターネットの利用は当初パソコンからのアクセスに限られていたが、現在ではスマートフォンを中心としたモバイル機器からのアクセスにシフトしてきている。モバイル機器はPCと比べて通信速度や処理速度が劣っており、また表示画面が小さいなど、インターネットのアクセス機器としてはPCの劣化版のような扱いであったこともあったが、現在ではモバイル前提のマーケティング戦略が中心になりつつある。

　モバイルを前提としたマーケティング戦略の特徴として、ここではソーシャルメディアの重要性の高まりと位置情報活用の可能性を指摘しておきたい。

モバイル機器はパーソナルなツールであるため、ソーシャルメディアを利用するのに大変適している。実際、多くのユーザーがモバイル機器経由でソーシャルメディアにアクセスしている。結果として、ソーシャルメディア広告やソーシャルメディア経由の働きかけの有効性は今後も増大していくことが予想される。

　一方、近年のモバイル機器のGPS（グローバル・ポジショニング・システム：衛星を利用した位置情報システム）の精度は非常に高く、ユーザーの位置をかなりの精度で把握できる。位置情報を用いたターゲッティング手法は大きく2つに分けられる。ひとつはユーザーの位置情報から行動履歴を蓄積してプロファイリングし、適切な働きかけを行おうとするものであり、もうひとつは現在位置の情報から特定の場所にいるユーザーに向けて働きかけを行おうとするものである。どちらの方法も今後さまざまな応用がなされると考えられる。

グループワークのための研究課題

1. いくつかの企業のウェブサイトを訪問してみよう。見やすさ、使いやすさ、情報量などを比較・検討してみよう。すぐれた企業サイトとはどういうものかを話し合おう。
2. 実際にウェブサイトをつくってみよう。ネット上には無料でウェブサイトをつくれるサービスがいくつもあるので、それらを利用しよう。ウェブサイトをつくるうえで考慮しなければいけない点は何か、どのようなサイトなら目的を達成できるか、話し合ってみよう。

参考文献

D2Cスマイル編集部編（2016）「リアルの行動をトリガーに！「もうひと押し」を実現するためのアドテクノロジー」D2Cスマイルウェブサイト
　http://www.d2c-smile.com/201601276349

高畑泰（2010）「第14章　インターネットと小売流通」『流通総論』同文館出版、2010年、pp.245-265

高畑泰（2011）「第14章　インターネット・マーケティング」『現代マーケティング総論』同文館出版、2011年、pp.201-216

第18章 クチコミ・マーケティング論

本章では近年新たなマーケティング手法として注目を集めているクチコミ・マーケティングについて取り上げる。スマートフォンやソーシャルメディアが普及した現代では、消費者からの情報発信が購買において大きな役割を果たすようになってきている。しかしながら、情報洪水やステルス・マーケティングといった問題も同時に生じている。クチコミ・マーケティングを効果的に活用しながら、どのように望ましいルールを策定するかについて本章で論じていきたい。

18-1 クチコミ・マーケティングとは？

18-1-1 クチコミの定義

クチコミ・マーケティングとは、消費者同士の相互作用において商品やサービスの宣伝が行われることであり、「バイラルマーケティング」「WOM（Word of Mouth）マーケティング」などの名称でよばれることもある。濱岡（1994）は先行研究からクチコミの定義として、以下の4点をあげている。

① 話し手と受け手との対人コミュニケーション
② ブランド・商品・サービス・店に関する話題
③ 受け手が非商業的な目的であると知覚している
④ 話し手と受け手が社会的な関係に規定されている

マーケティングにおけるクチコミの有用性は映画のヒットに関する研究などで古くから知られている。しかしながら、近年のクチコミ・マーケティングの隆盛は伝統的なモデルというよりも、インターネット・メディア、ソーシャルメディアの普及を契機とした新しいモデルの登場が要因となっている。濱岡・里村（2009）はメディア、送り手とクチコミを受ける相手の関係を表18-1のように整理し、ネット上での見知らぬ人とのコミュニケーションに

表 18-1　メディア、送り手とクチコミ、e クチコミの定義

メディア		相手	
		家族、友人	見知らぬ人
メディア	リアル（対面）	クチコミ	クチコミ
	ネット	クチコミ	**e クチコミ**

出典：濱岡・里村（2009）p.5

基づくクチコミを e クチコミと定義している。

　2005 年頃から Web2.0 というコンセプトのもとに普及し始めた新たなサービス群は個人による情報発信をより一層容易にし、この e クチコミの影響力を高めている。その一例として、飲食店に関するクチコミを掲載している株式会社カカクコムが運営するグルメサイト「食べログ」はコメントだけでなく点数というかたちでユーザーによるクチコミ（評価）を可視化することで、現在では飲食店の成功に大きく関与するまでになっている。こうしたオンライン上のクチコミを活用したサービスは宿泊予約、映画、書籍など幅広いジャンルにわたっており、現在では消費者の購買における意思決定に欠かせないものとなっている。

18-1-2　クチコミ・マーケティングの範囲

　ただし、クチコミ・マーケティングの範囲は商品・サービスの評判に留まらない。2009 年に発足した WOM マーケティング協議会では、クチコミ・マーケティング（WOM マーケティング）を「クチコミに関するあらゆるマーケティング活動」と定義しており、クチコミが「消費者間で行われる自発的なコミュニケーション」であること以外にはその範囲は明確に限定されていない。

　たとえば、2005 年の後半頃からメントスガイザー（メントスコーラ）とよばれるダイエットコーラにメントス数粒を投入すると吹き上がるという現象が動画共有サイトを中心に話題になったが、このブームによってメントスの売り上げは 20％近くの増加を達成し、コカコーラの売り上げも伸びたといわれている。メントス自身もこのブームを積極的に活用し、YouTube と提携してメントスガイザーの動画コンテストを開催するなど、自社のキャンペー

ンにつなげている。同様の事例として、2014年頃に流行した筋萎縮性側索硬化症（ALS）の研究を支援するキャンペーンであるアイス・バケツ・チャレンジがある。世界中の動画共有サイトで拡散された氷水を頭からかぶる動画によって米国ALS協会への寄付は3週間で13億円以上、日本ALS協会への寄付は2014年の1年間で過去20年間の約半分に相当する4000万円近くを集めている。これらのキャンペーンでは、商品の性能や寄付の意義が中心に訴えられていたわけではないものの、多くの人が参加し注目を集めたことによって、従来のマーケティング手法と比べても遜色ない、大きな成果を上げている。

18-1-3 クチコミ・マーケティングの留意点

しかしながら、前述の定義のようにクチコミ・マーケティングは「消費者間で行われる自発的なコミュニケーション」であることから、事業者側でコントロールすることは容易ではない。UCC上島珈琲が2013年2月に行ったTwitterでのキャンペーンでは、特定のキーワードを発したユーザーに対して自動的にメッセージを返信するという内容がスパム行為とみなされ批判を招いたことで、開始2時間弱での中止を余儀なくされた。他方で、消費者の自発的な反応を得ることができず、何の話題にもならずに終わってしまったキャンペーンも少なくない。以上のように、クチコミ・マーケティングでは、消費者の自発的な反応を引き出すことと、消費者に不快に感じられないようなアプローチを採ることの両方が必要となる。

18-2　クチコミ・マーケティングが重要視される背景

18-2-1 情報洪水

クチコミ・マーケティングが重要視される背景のひとつとして、個人による情報発信が一般化したことにともない、情報過多社会や**情報洪水**と形容されるような情報量の増大がもたらされていることがあげられる。総務省が発表した「平成18年度情報流通センサス報告書」では、「平成8年度から平成18年度にかけての消費可能情報量（1年間に情報消費者が選択可能な形で提供

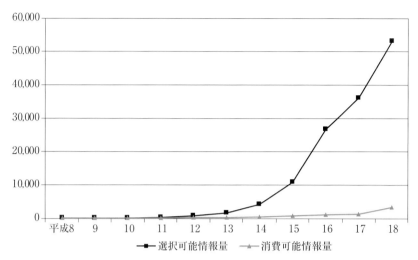

図 18-1 「平成 18 年度情報流通センサス報告書」（総務省）

された情報の総量）の伸びは 33 倍に留まっている一方で、選択可能情報量（1年間に情報消費者が選択可能な形で提供されたもののうち、メディアとして消費が可能な情報の総量）の増加が 530 倍に達している」ことが報告されている（図 18-1）。当該調査はこれ以降実施されていないが、2000 年代なかばの段階ですでに消費しきれないだけの大量の情報が発信されていたことになる。こうした情報量の増大は、多くの人に注目されるごく一部の情報とほとんど誰の目にも触れない大量の情報が併存するという状況を生み出している。米国の TubeMogul 社が 2009 年に発表した調査結果では、再生回数 100 万回以上の YouTube 動画は全体のたった 1％ 未満であり、半数以上の動画は再生回数 500 回にも達していないとのことであった。

　現代におけるクチコミ・マーケティングはたんに話題に上ることを意図するだけでなく、情報過多の社会において消費者との関係性をどのように構築するかという点が主眼となる。言い換えれば、情報過多の社会においては企業からの情報発信も埋もれてしまいがちであり、いかに他の消費者に影響を与えられるクチコミの発信者を味方につけるかが重要となる。

表 18-2　代表的な消費者の購買行動モデル

モデル	意味
AIDA	注意（Attention）⇒関心（Interest）⇒欲求（Desire）⇒購買行動（Action）
AIDMA	注意（Attention）⇒関心（Interest）⇒欲求（Desire）⇒記憶（Memory）⇒購買行動（Action）
AISAS	注意（Attention）⇒関心（Interest）⇒検索（Search）⇒購買行動（Action）⇒共有（Share）
SIPS	共感（Sympathize）⇒確認（Identify）⇒参加（Participate）⇒共有・拡散（Share&Spread）

出典：佐藤（2011）を参考に著者作成。

18-2-2　購買行動モデルの変化

　クチコミ・マーケティングの存在感が高まっていることは消費者の購買行動モデルの変遷からも読み取ることができる。1920年代から用いられているAIDA、AIDMAという伝統的なモデルに加えて、インターネットの普及後にはAISASモデルが、ソーシャルメディアの普及後にはSIPSモデルが提唱されている（表18-2）。AISASモデルにおける検索（Search）や共有（Share）といったコンセプトはクチコミ・マーケティングと密接に関わるものである。たとえば、総務省の「ICTの進化がもたらす社会へのインパクトに関する調査研究」（平成26年）における「商品購入時に参考とする情報・広告」という質問に対しては、「購入サイト・レビューサイトの口コミ」を4割以上の回答者があげており、「テレビCM」や「友人からの口コミ」を上回っている。購入サイトやレビューサイトは濱岡・里村（2009）におけるeクチコミに該当し、見知らぬ人とのネットを通じたコミュニケーション（クチコミ）が購買において大きな役割を果たすことが示唆されている。

　さらに、佐藤（2011）はソーシャルメディアの普及による変化をSIPSモデルに反映している。SIPSモデルでは従来のモデルにあった注意（Attention）や関心（Interest）よりも、共感（Sympathize）が意識されており、感性マーケティングの重要性への言及とも一致する。加えて、佐藤（2011）は「関与する生活者（消費者）」の存在を指摘している。従来の消費者は購買の対象者という位置づけであったが、AISASモデルでは購買対象であると

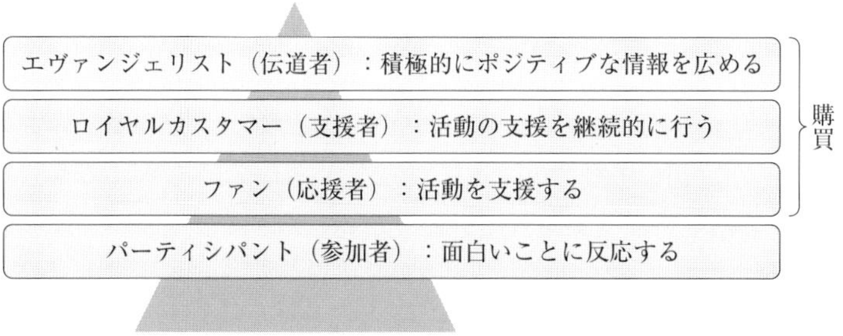

```
┌─────────────────────────────────────────────┐ ┐
│ エヴァンジェリスト（伝道者）：積極的にポジティブな情報を広める │ │
├─────────────────────────────────────────────┤ │
│ ロイヤルカスタマー（支援者）：活動の支援を継続的に行う      │ │購
├─────────────────────────────────────────────┤ │買
│     ファン（応援者）：活動を支援する              │ │
├─────────────────────────────────────────────┤ │
│   パーティシパント（参加者）：面白いことに反応する       │ ┘
└─────────────────────────────────────────────┘
```

図 18-2　SIPS モデルにおける参加のレベル

出典：佐藤（2011）を参考に著者作成。

同時に共有（Share）の担い手でもある。そして、SIPS モデルでは参加（Participate）といったかたちでより踏み込んだかたちでの消費者の関与が示されている。SIPS モデルにおける参加（Participate）は図 18-2 のように示すことができる。

18-2-3　参加のレベル

　図 18-2 の最下層であるパーティシパント（参加者）は商品・サービスの購入者である必要はなく、たんに面白いことに反応する消費者層と定義される。近年では、4月1日のエイプリルフールに多くの企業が消費者を楽しませるためのネタ企画を仕込んでいるが、こうした企業の行動はパーティシパント（参加者）の獲得につながっているものと考えられる。ファン（応援者）以上の層はおもに購買者が対象となり、ファン（応援者）からロイヤルカスタマー（支援者）、エヴァンジェリスト（伝道者）となるに従い、その継続性や熱意は高まることになる。図 18-2 で示されているように絶対数からすると、エヴァンジェリスト（伝道者）＞ロイヤルカスタマー（支援者）＞ファン（応援者）＞パーティシパント（参加者）という関係性が成り立つが、パーティシパント（参加者）の裾野が狭くなるとその上層のエヴァンジェリスト（伝道者）やロイヤルカスタマー（支援者）の数も少なくなる。現代におけるクチコミ・マーケティングでは、より多くのパーティシパント（参加者）を獲得することやエヴァンジェリスト（伝道者）をいかに活用するかがその成否を分けることになる。

「iPhone」や「iTunes」に代表される先進的な商品、サービスで有名なApple 社には信奉者ともいえる消費者が数多く存在しており、彼らの多くはエヴァンジェリスト（伝道者）やロイヤルカスタマー（支援者）の要素を満たしている。Apple 社のクチコミ・マーケティングはまさにこうした熱狂的に関与する消費者に支えられている。前述したエイプリルフール企画だけでなく、アニメなどのコンテンツとのコラボレーションやストーリ性を意識した CM などの**ブランデッドエンタテインメント**とよばれるマーケティング手法はクチコミ・マーケティングの観点からも有効といえる。

18-3　クチコミ・マーケティングを巡る議論

18-3-1　ステルス・マーケティング

　これまで取り上げてきたようにクチコミ・マーケティングは大きな威力をもつものであるが、その効果が認められるにともない、**ステルス・マーケティング**（ステマ）やデマ・風評のようなネガティブな側面も目立つようになってきている。ステルス・マーケティングとは、一般に「宣伝であると消費者に悟られないように宣伝を行うこと」と定義される。濱岡（1994）によるクチコミ・マーケティングの定義では「受け手が非商業的な目的であると知覚している」という項目が含まれているが、ステルス・マーケティングの場合にはクチコミの受け手に対しては非商業的な目的であると見せかけているものの、実際にはクチコミの送り手は金銭等の商業的な目的から情報を発信しており、不公正なマーケティング手法として非難されている。2010 年に Digital Influence Index に掲載された調査結果では、「企業から金銭や無料サンプルを提供されているブロガーの情報を信用するか」という質問に対し、信用すると回答した人は金銭で 19％、無料サンプルで 24％となっている。2012 年にニールセン社が発表した信頼できる情報源に関する調査では、知っている人からのクチコミで 92％、オンラインのクチコミで 70％の回答者が信頼できるとしている。商業的な関係の有無がいかにクチコミの信頼性に影響を与えるかがこれらの調査結果からは読み取れる。ただし、商業的な関係性があったとしても、それがクチコミを受け取る消費者に明示さ

表 18-3 ステルス・マーケティングが疑われたおもな事例

時期	内容
2005年11月	ソニーが新鋭品の発売に合わせて紹介したブログがやらせではないかという疑いが起こり、3日で閉鎖した。
2005年12月	PSP宣伝のための個人ファンサイトがマーケティング会社の取得したドメインで展開されていることが発覚した。
2006年10月	PR会社が架空の旅行ブログを運営し、ウォルマートに肯定的な内容ばかり投稿していることが発覚した。(※1)
2006年11月	ニュースで企業から商品が提供される様子やブログの書き方を指導される様子が放送され、騒動になった。
2011年1月	落札していないにも関わらずペニーオークションで落札した旨の紹介投稿を行っていることが発覚した。(※2)
2011年5月	Facebookが大手代理店を通じてGoogleのサービスを批判する記事を書くよう依頼していた疑いが報道された。

れている場合にはステルス・マーケティングには該当しない。

18-3-2 ペニーオークション詐欺事件

　ステルス・マーケティングが疑われたおもな事例は表18-3の通りである。とくに国内でステルス・マーケティングが非難された代表例として、ペニーオークション詐欺事件の事例があげられる。ペニーオークションとは入札のたびに少額の入札手数料を必要とするインターネット・オークションのことであり、ギャンブルに近いサービスであるとの指摘もある。2009年頃から日本でも流行したが、不正なしくみによる詐欺などのトラブルが急増し、2011年3月31日には消費者庁が景品表示法第6条に基づく措置命令を行っている。このペニーオークション詐欺において、多くの芸能人がステルス・マーケティングに関与していたことが明らかとなり、大いに非難を浴びることとなった(※2)。他にも、2012年1月には「食べログ」において39業者が金銭をともなうやらせ投稿(ステルス・マーケティング)に関与している疑いが報道されている。1節でも述べたように現在では食べログにおける評価(クチコミ)が飲食店の成功に大きく影響するまでになっているため、ステルス・マーケティングに期待される効果もより高くなっている。食べログではこの報道を機にユーザーの認証制度を導入するなど対策を行っているが、ス

テルス・マーケティングの撲滅までには至っていない。2017年には著名なレビュアーが高評価を与えた飲食店から豪華な接待を受けている疑惑が報じられる騒動があり、そのクチコミの信頼性が問われることとなった。

18-3-3 法的な規制

このように企業が恣意的にクチコミを発生させようという試みは、多くの消費者にとって忌避されるものである。こうしたステルス・マーケティングの隆盛に対し、消費者庁では2012年に「インターネット消費者取引に係る広告表示に関する景品表示法上の問題点及び留意事項」を一部改定し、ステルス・マーケティングの手法を「問題となる事例」として明記している。ただし、「具体的な表示が景品表示法に違反するか否かは、個々の事案ごとに判断され」るため、一律に禁止行為とされているわけではない。前述したWOMマーケティング協議会でも「消費者行動偽装の禁止」「関係性明示」等の原則を掲げたガイドラインを発表しているものの、明確な罰則規定は存在していない。クチコミの有効性を保ちつつ、いかにステルス・マーケティングに代表される不正な手段を抑止するかが、これからのクチコミ・マーケティングにおいても重要な課題になってきている。

研究のフロンティア

英国では2008年に「不公正取引から消費者を保護するための法律」(CPUTR)が制定されており、米国では2009年にFTCが「推奨及び体験談の広告への使用に関する指針」を定めている。これらの規制ではステルス・マーケティングに対して罰則を科している。ステルス・マーケティングを法規制によって抑止することの是非については議論があるものの、日本に先んじて倫理規定を策定していたWOMMA（米国クチコミマーケティング協会）では、その当事者がFake Blog（やらせブログ）の運営に関与していたことが発覚し、問題になった（※1）。倫理規定作成の当事者が不公正な行為に手を染めていたという事実は、ステルス・マーケティング対策の難しさを示している。2017年に入ってからは、日米両国でInstagramを用いたステルス・マーケティングの疑いの事例が生じるなど、マーケティング手

法の変遷にともない、ステルス・マーケティングのあり方も変化してきている。

グループワークのための研究課題
---

1. クチコミ・マーケティングが成功した事例を調べ、消費者間でどのような自発的なコミュニケーションが成立していたか考察してみよう。
2. クチコミ・マーケティングが失敗した事例を調べ、どのような点が消費者に受け入れられなかったのか考察してみよう。
3. 本章で取り上げたもの以外の消費者の購買行動モデルを調べ、時代とともにどのような変化が生じているかについて整理してみよう。
4. ステルス・マーケティングを法規制によって抑止することについて、その長所と短所を踏まえて議論してみよう。
5. 今後発展が予想されるマーケティング手法をあげ、ステルス・マーケティングが行われる可能性について考えてみよう。

参考文献

佐藤尚之（2011）『明日のコミュニケーション』アスキー新書

濱岡豊（1994）「クチコミの発生と影響メカニズム」『消費者行動研究』第2巻第1号、pp.29-73

濱岡豊・里村卓也（2009）『消費者間の相互作用についての基礎研究：クチコミ、eクチコミを中心に』慶応義塾大学出版会

第 19 章 グローバル・マーケティング論

　本章では、グローバル・マーケティングの基礎的内容について考察する。マーケティング活動の**グローバル化**は、海外へ進出する企業だけではなく、2016 年度の訪日観光客による消費額は 3 兆 7,476 億円と推計される（観光庁）ことからもわかるように、国内を基軸としてマーケティング活動を展開している企業にとっても、欠かせないものになっている。グローバル・マーケティングは、企業の戦略的側面と、消費者側面を同時に考察する必要がある。本章では、制度を中心とした従来型のグローバル・マーケティングへのアプローチだけではなく、マーケティング活動の中心である消費者の観点からグローバル・マーケティングについて考察する。そのため、まず、グローバル・マーケティング論の基礎について考えていきたい。次に、グローバル・マーケティングと文化やグローバル消費者行動について検討し、グローバル・マーケティング戦略を学習する。これらの学習によって、グローバル化時代のマーケティング活動の本質を理解する。

19-1　グローバル・マーケティングの概念

　世界経済のグローバル化は、情報通信技術の発展とメディアのデジタル化によって急速に進んでいる。グローバル化が進んだ結果、世界の主要都市の中心には高級ファッション・ブランドを中心とした、同じようなグローバル・ブランド・ショップが並ぶようになっている。

　「**インターナショナル・マーケティング**」ではなく、「**グローバル・マーケティング**」という言葉のほうが、より幅広く使われるようになったのも、文化を超えるグローバル・マーケティング戦略の必要性が、より重視されるようになった結果ではないかと考えられる。

　グローバル・マーケティングとは、**国内市場**と**海外市場**をひとつの市場としてとらえ、世界市場を対象に展開するマーケティングである。グローバル

市場のなかで、企業は存続のために経営資源をグローバルに、積極的に獲得しながら、本国とは異なる現地の消費者のニーズやウォンツに対処していく必要性がある。グローバル・マーケティングは、一部大手企業に限られたものと認識されていた時代もあった。しかし、世界経済の急速なグローバル化にともない、現在のグローバル・マーケティングは、市場の範囲を拡大したマーケティング活動として認識されるようになっている。

　企業にとってのグローバル化は、**生産のグローバル化**と**市場と消費のグローバル化**の観点から考察する必要がある。生産のグローバル化は、世界各国に存在する人、モノ、金、情報などによる品質と価格などの差を利用して、製品を生産し、調達することを意味する。

　たとえば、皆さんが多く使っている iPhone はアメリカの Apple 社の製品であるが、その製品のほとんどはアメリカではなく、中国で生産されている。Apple 社は、中国産であることに対する先進諸国消費者からのネガティブな原産国イメージを払拭するために、iPhone の裏面には「Designed by Apple in California, Assembled in China」と書いている。

　また、iPhone は、台湾に本社がある「FOXCONN（鴻海精密工業）」という電化製品の受託生産を行う、**EMS (Electronics Manufacturing Service)** ともよばれる企業の、中国工場で生産されている。一方、iPhone の部品の多くは、日本のメーカーだけではなく、韓国、台湾などの企業からも調達されている。

　その「FOXCONN（鴻海精密工業）」は、2016 年、日本のシャープを買収した。その理由は、シャープのブランドや最先端技術を活用して、受託生産企業である EMS 企業からの脱却を試みているためと考えられる。

　生産のグローバル化は製品だけではなく、**サービス (services)** の領域にも拡大しつつある。われわれが毎日使用しているウィンドウズやワードなどのマイクロソフト社は、アメリカ企業であるが、アメリカの IT 業界にはインド人が多く、プログラミングなどをインド企業に**オフショア**（offshore＝ソフトウェアやシステムなどの開発から保守や管理などの業務を、人件費が安い海外の子会社に委託すること）することが一般的になっている。

　さらに、生産のグローバル化を促す要因は、各国の状況と自国市場規模な

どの要因によって影響される。たとえば、アメリカ企業のコカコーラのグローバル化は、1928年に開催されたアムステルダム・オリンピックのアメリカ・チームに同行したのがきっかけとなっている。その後、第2次世界大戦の際には米軍の派兵で海外に広まり、外国での消費者ニーズによってグローバル化された。一方、自国市場よりも輸出に力を入れる企業のほとんどは、自国の市場規模が小さい場合が多い。たとえば、IKEA（スウェーデン）、ユニリーバ（オランダ・イギリス）、ネスレ（スイス）、サムスン（韓国）などがある。つまり、国内市場の規模が大きい企業にとっては、自国の消費者を優先する傾向があるため、海外の市場は付随的なものにすぎない。一方、自国の市場規模が小さい企業にとっては、自国よりも海外消費者のトレンドに、より敏感になるだろう（Mooij [2014]）。

　市場と消費のグローバル化とは、伝統的に独自に存在していた各国特有の市場と消費のトレンドがグローバル化、つまり**収束** (convergence) していくことを意味する。18世紀後半イギリスから始まった産業革命による工業化は、19世紀にはヨーロッパやアメリカ、日本、そして戦後はアジアなどに拡大し、1990年代以降の共産主義の崩壊後には世界各国に拡散したといえる。工業化による近代化は、いわば西洋化ともいえる各国市場の急速なグローバル化をもたらした。その結果、スターバックスやマクドナルドなどのアメリカ企業だけではなく、IKEAの北ヨーロッパの家具、任天堂やソニーのような家庭用ゲーム機のエンタテイメント企業に至るまで、市場と消費はグローバル化されつつある。

　一方、これらのような各国市場と消費パターンのグローバル化によって、各国特有の特徴がすべて収束されるわけではない。たとえば、各国固有の文化や価値によって、消費者の嗜好は収束されるよりも、むしろより**拡散** (divergence) することもある。たとえば、携帯電話のような製品の普及率は、一般に所得によって影響されると思いがちであるが、イギリスと香港を比較すると、香港はイギリスの2倍以上の保有率である。また、ヨーロッパのミネラルウォーターの消費も、ベルギー人の飲むミネラルウォーターの量は、イギリス人の10倍、隣国のオランダ人の6倍にもなっている。これらは所得や水道水の質では説明できない（Mooij [2014]）。したがって、市場と消費

のグローバル化は、世界各国の市場がグローバル化し、類似した、西洋化された消費に向かう部分もあれば、そうではなくむしろ所得水準の高まりにともない、各国固有の特性を強化することもあることを看過してはならないだろう。

19-2　グローバル・マーケティングの標準化と適応化とは

　グローバル・マーケティング戦略の実際を理解するために、**グローバル・マーケティング戦略**の**標準化**と**適応化**について考えてみよう。コカコーラのように標準化された製品やサービスには、国境がないように見えるが、実はグローバルに標準化して成功を収めている企業はほとんどない。コカコーラのようにグローバル標準化の代表的企業でさえ、日本の市場では、アメリカ本国とは異なる戦略を駆使している。たとえば、流通は、アメリカ本国とは異なって、自動販売機を中心としている。製品戦略も、アメリカ本国のように「コカコーラ」などの炭酸飲料よりも、お茶や缶コーヒーなど日本市場に適応した製品カテゴリーの売上高が大きい。このように、グローバル標準化の代表的なブランドであるコカコーラも、完全な標準化ではないことに注目してほしい。

　「郷に入らば郷に従え」と同様の、「When in Roma, do as the Romans do」という表現が西洋にも存在することから、市場戦略の適応化の必要性は古今東西を通じた真理だと考えられるが、企業はグローバル化を推進する際、コストや効率性を追求した標準化戦略から検討することが多い。グローバル・マーケティング戦略の標準化のメリットは、**規模の経済**にあるだろう。適応化するには時間とコストがかかる。そのため、企業にとってはできる限り標準化した製品やサービスをグローバル市場で展開したほうが、短期的な収益性を見込める。さらに、消費者志向のグローバル化によって、標準化された製品やサービスが増えていることも否定できない。このように、同一の製品やサービスを、同じ価格で同一の流通経路や、コミュニケーション手段のマーケティング戦略によってグローバルに提供することが、究極的な標準化である。しかしながら、異なる政治・法律・文化・経済の環境下で、標準

化された製品やサービスを提供することは容易なことではなく、現地の消費者からも標準化された製品やサービスが支持されるとは限らない。

一方、現地の市場状況に合わせて完全に適応化した場合も、販売価格がかなり高くなってしまい、現地の競争相手に敵わなくなる恐れもあるだろう。

したがって、グローバル・マーケティングの実務では、完全な標準化も完全な適応化も採用されていない。実際には、一部を戦略的に現地国の状況に合わせて適応化することが多いといえよう。

日本のあるスキンケア・メーカーは、日本語で表記されている国内販売用と同じパッケージを中国市場で使用している。その目的は、日本のブランドとしての原産国イメージを、中国消費者に最大限訴求するためである。このように、標準化と適応化には、つねに決まっているルールは存在しないため、**進出市場の特性**を検討したうえで、自社のマーケティング戦略の観点から決定されることが多い。

グローバル・ブランド戦略を標準化と適応化の観点から整理してみよう。グローバル・ブランドは、世界の多くの国で展開されているブランドであり、同じブランド名を使用する。さらに、標準化したコミュニケーションによって、**コスト削減**だけではなく、世界的に均一の**ポジショニング戦略**を展開する特徴がある。

グローバル・ブランド戦略は、①既存の**ローカル・ブランド**を育成する（例：コカ・コーラ）、②**グローバル・コンセプト**をローカルに適応化する（例：マクドナルド）、③新たな**グローバル・ブランド**である「ボーン・グローバル（born global）・ブランド」をつくる（例：Apple、Google、ZARA）、④**ローカル・ブランド**を買収して国際化する（例：ユニリーバ、ダノン）、⑤**ブランドを拡張する**（例：ジレット、ニベア）、⑥**マルチローカルな戦略**を採用する（ネスレ）、などの6つがあげられる（Mooij［2014］）。

19-3　グローバル・マーケティングの市場参入戦略

国境を越える企業は、本国とは異なる文化・宗教・人種などの環境に直面し、異質な価値観をもっている消費者に接する。これは決して簡単なことで

はない。

　市場の範囲が拡大されることにより、企業はいわば国内マーケティングとは異なる環境下の制度や競争環境、消費者などに直面し、対処することが求められる。

　海外市場への参入方法としては、商社などを経由する**間接輸出**や自社による**直接輸出**、**ライセンシング**、**戦略的提携**、**海外直接投資**などがあげられる。

　これらの市場参入方法は、企業の内部要因と外部要因によって決定されることになる。グローバル市場への参入方法は、企業の内部要因よりも外部要因に左右されることが多い。企業外部要因としては、市場成長率、市場規模、経済発展の度合い、政治的要因、競争環境、流通インフラ、流通システム、文化的距離などがある。

　輸出（間接・直接）は、海外市場のリスクがあまりないというメリットはあるが、現地の市場や消費者に直接接する機会がないため、現地のすべてのことを進出国の流通網に依存してしまうことになり、現地市場に対する情報収集ができない。さらに、商社や現地流通網の都合によっては取引ができなくなるなど、現地市場におけるコントロールが難しい恐れがある。

　ファッション業界で、幅広く使用される**ライセンシング**は、進出先の国の企業からロイヤリティや手数料などをもらい、自社の製品の製造・販売などの契約を結ぶ形の市場参入である。たとえば、三陽商会は1960年代後半にイギリスの有名ブランドであるバーバリー社とライセンシング契約を締結し、バーバリー社の製品を日本国内で製造し、百貨店を中心に販売して、日本を代表するアパレルメーカーとして成長してきた。しかし、2015年バーバリー社とのライセンシング契約が終了した結果、業績悪化につながり赤字に転落した。バーバリー社が三陽商会とのライセンシング契約を打ち切った背景には、ライセンシング契約から、バーバリー・ブランドをベースにした収益への戦略的転換があったといわれている。一方、三陽商会は、バーバリーとの契約終了に備えた自社ブランドの育成に失敗したこともうかがえる。

　一方、**海外直接投資**は、現地市場や消費者の情報収集の面からはすぐれているが、企業の制御不可能な政治的要因にさらされる恐れがある。経済のグローバル化のなかで、開発途上国では先進諸国からの経営資源を獲得するた

めに、対内直接投資を奨励している。一方、自国の産業を保護・育成するための規制もある。たとえば、中国では、開放政策によって自動車産業への外資系企業の参入を認めた際に、外国メーカーの市場参入には必ず現地メーカーとの合弁会社の設立を義務付けた。その結果、トヨタ自動車は第一汽車グループ、本田は広州汽車グループ、日産は東風グループとの中国合弁会社によって生産・販売をしている。

　輸出と**直接投資**の中間的な選択肢として、現地国の企業との協力関係による戦略的提携もある。戦略的提携は、現地市場を現地国の企業に委ねることによって、外国企業としては制御不可能な政治的問題や従業員のマネジメントなどのリスクの多くを回避することはできる。ただし、戦略的提携が解消された際には、現地国のパートナー企業が手強い競合相手になる恐れもある。たとえば、日本の企業は、台湾や韓国市場に進出する際に、信頼できるパートナーとして、台湾の「統一企業」と韓国の「韓国ロッテ」と戦略的提携を結び、グローバル化を推進してきた。このように、現地の信頼できるパートナーとの戦略的提携を結んで進出することで、互いの経営資源を活用しながらともに成長してきたといえるだろう。また、日本の**総合商社**も、国内企業がグローバル化する際に、輸出の窓口の機能だけではなく、現地のビジネスに関連したファイナンスなどに至るまでさまざまな機能を提供し、メーカーのグローバル化を二人三脚で推進してきたといえる。

19-4　グローバル・マーケティングと文化

　グローバル・マーケティング戦略を構築する際には、各国**文化の同質性と異質性**を理解することが欠かせない。文化的差異を考察することによって、各国の消費者行動の特性を理解し、現地市場に適したグローバル・マーケティング戦略を開発することができる。たとえば、各国の文化圏によって好きなカラーは異なる。「白」は西洋では純粋と清潔感を意味するが、アジアでは死と関連する (Keegan & Green [2015])。「グレー」はアメリカでは高価なメージであるが、日本と中国ではあまり高価ではないことを連想させる。一方、「紫」はアジア文化では高価なものとして知覚されるが、アメリカでは

安いものとして知覚される（Jacobs, Keown.et al［1991］）。

　一般的に各国間の差異を分類するのに、最も多く使用されるのは**経済発展の度合い**や**所得水準**、**教育水準**などのマクロ・データであろう。しかし、われわれはこれらの客観的なデータよりは、個人的体験やステレオタイプに頼る傾向がある。その要因となっているのは「**エスノセントリズム(ethnocentrism)**」である。エスノセントリズムは、自分が属している文化しか知らないため、自国の文化が世界の中心、つまり標準であるととらえる考え方である。あらゆる文化は、程度の差はあるが、エスノセントリズム的傾向を有するため、自民族の文化を重んじて、外国人を自国文化の目線で評価したりする。その結果、自国文化が他国よりもすぐれていると過信することもある（朴［2012］）。

　グローバル・マーケティング戦略を実行するためには、エスノセントリズム的な傾向から脱却し、客観的な**定性・定量調査**の結果に基づいて判断する必要がある。そのために、さまざまな情報を収集して分析するのが**グローバル・マーケティング・リサーチ**だ。分析された情報によって、各国間の類似点や相違点を理解し、適切なマーケティングの意思決定を行うことができる。グローバル・マーケティング・リサーチによって、現地に適したグローバル・マーケティング戦略を展開することが可能となるだけではなく、進出時のさまざまなリスクを回避できる。

　Hofstede（1991）は**文化**を「集合的に人間の心に組み込まれるものであり、集団によってあるいはカテゴリーによってそのプログラムは異なっている」と定義しているように、文化には個人の特徴ではなく、同じ教育や生活体験という**集団的特性**がある。文化は大陸、国民、地域などによって異なるが、グローバル・マーケティングでは、国家間の異質性と同質性に注目している。国家間の異質性は国内の異質性よりは遥かに大きいことが一般的であるが、アメリカのように国土が広い多民族国家では、白人系アメリカ人とヒスパニック系アメリカ人の文化的差異は大きいこともある（Mooij［2014］）。各国間の文化を分類し、その特徴を考察することは、文化間の同質性と異質性を理解することにつながり、各国ごとに差別化したグローバル・マーケティング戦略の展開に役立つ。

Hall（1976）、コンテクストの程度（**高コンテクスト**と**低コンテクスト**）によるコミュニケーション・システムの違いから、文化を区分している。**高コンテクスト**文化のコミュニケーションでは、情報の多くはコンテクストの一部や人の内に秘められているために、日本の対人的コミュニケーションでみられるように、はっきり表現することを避ける。一方、アメリカのような**低コンテクスト**のコミュニケーションでは、経済的で、迅速かつ効率的なコミュニケーションを優先するために、はっきりとしたコミュニケーションが好まれる。

　コンテクストの高低の違いは、各国の広告にもみられる。たとえば、低コンテクスト文化の広告では、言語による説明を中心としたプロモーション型の広告が多いが、高コンテクスト文化の広告では、間接的や象徴的なイメージ型の広告が特徴的な形態であろう。アジア文化のほとんどが高コンテクスト的であり、アメリカ・ドイツ・スイスのように、西洋文化の多くは低コンテクスト的である（Mooij［2014］）。さらに、文化の分類に採用される次元としては、「**集団主義・個人主義**」、「**権力格差**」、「**男性らしさ・女性らしさ**」、「**長期志向・短期志向**」などがあげられる。

研究のフロンティア

　アメリカのトランプ大統領は 2017 年 4 月 18 日、「Buy American, Hire American（アメリカの製品を買い、アメリカ人を雇用せよ）」という大統領令に署名した。この大統領令の歴史的な背景は、1980 年代まで遡ることができる。1980 年代からのアメリカ市場における日本からの輸入品の急増は、アメリカの製造業の衰退を引き起こし、失業率を高めた。このような経済状況下で生まれたものが、「**消費者エスノセントリズム**（consumer ethnocentrism）」である。消費者エスノセントリズムの観点からすると、外国産製品を購入することは、国内経済に被害を与え、失業を引き起こす恐れがあるために、輸入品を購入することは愛国心がないともいえることである。

　さらに、アメリカの同時多発テロ、イラク戦争、反日デモなど、世界各地では国家、民族、宗教、地域間の対立が絶えないのが現実である。これらの対立発生地域

の消費者は、対立国家、対立民族、対立宗教、対立地域からの人だけではなく製品やサービスに敵対意識をもつことがあり、これを「**消費者敵対心（consumer animosity）**」という（朴[2012]）。東アジア地域でも、2000年代以降の中国における反日デモだけではなく、ベトナムの反中デモや不買運動にみられるように、グローバル化の問題が表面化している。

1990年代以降の世界経済の急速なグローバル化と、ネットを中心としたテクロナジーやイノベーションは、これまで人類が経験したことがないスピードで社会を変革してきた。しかし一方で、経済格差を生み出した結果、「消費者エスノセントリズム」や「消費者敵対心」のようなグローバル・マーケティングの新たな課題を浮上させている。

グループワークのための研究課題

1. 世界経済の急速なグローバル化は、グローバル規模の最適な生産によって、より低コスト生産を可能にし、手ごろな価格で製品を購入できるようにした。たとえば、20年前のパソコンの価格は20万円を超えていたが、現在の国内市場では輸入された低価格のパソコンがほとんどとなり、4－5万円くらいでも買えるようになっている。このような低価格の輸入パソコンの普及は、日本のパソコンメーカー、当該企業の従業員、消費者にどのような影響を与えたかを、それぞれ考えてみよう。

参考文献

Hall, E.T,,(1976), *Beyond Culture*, Doubleday New York.（岩田慶治・谷泰訳（1993）『文化を超えて』TBSブリタニカ）

Hofstede, G.(2001), *Culture and Organizations : Software of the mind*, McGraw-Hill（岩井紀子・岩井八郎訳『多文化世界―違いを学び共存への道を探る』有斐閣）

Jacobs, L., Keown, C., Worthley, R., & Ghymn, K.(1991), "Cross-cultural Colour Comparisons : Global Marketers Beware!," *International Marketing Review*, 8(3), pp.21-30

Keegan, W. & Green, M.(2015), *Global Marketing* 8th, Peason Education

Mooij, D. M.(2014), *Global Marketing and Advertising: Understanding Cultural Paradoxes*, Sage 4th.（朴正洙監訳（2016）『グローバル・マーケティング・コミュニケーション』千倉書房）

朴正洙（2012）『消費者行動の多国間分析―原産国イメージとブランド戦略』千倉書房

第20章　エシカル消費論

本章では、近年注目をされているエシカル消費を取り上げる。まず、エシカル消費の背景を明らかにした後、持続可能な発展の3つの柱との関係について考察する。次に、消費者がエシカル消費をする動機や市場拡大を妨げているさまざまな課題に触れる。最後に、研究のフロンティアに焦点をあてる。

20-1　エシカル消費の背景

　私たちの生活を豊かにしてきた大量生産・大量消費・大量廃棄の社会システムは資源や環境に限界がないことを前提としてきた。しかし、地球環境の限度を超えた経済活動により、気候変動をはじめとした、生活を脅かす多くの環境問題に世界は直面している。また、このような社会システムがグローバル化するなかで、世界のごく一部の人々の豊かさは、多くの人々の犠牲のうえに成り立っていることが指摘されている[1]。一見豊かな**消費社会**の影に潜む、環境問題や人権問題を解決しなくては、持続可能な発展を実現できないという認識が世界の共通概念として浸透してきている。

　そのため、「よりよい社会の実現」に向けたグローバルな取り組みが数多くなされている。たとえば、国連開発計画は、2030年に向けて、貧困・衛生・教育・環境など、幅広い社会的課題の解決をよびかける17の**持続可能な開発目標**（sustainable development goals：SDGs）を掲げている。先進的な企業は、SDGs などの持続可能な社会への取り組みを **CSR**（Corporate Social Responsibility：企業の社会的責任）戦略に組み込み、社会的課題を解決する新たなビジネスモデルを展開している。

　しかし、社会的課題の解決は、企業努力だけで実現できるものではなく、「よりよい」企業とその商品やサービスを支持する消費者が必要不可欠とな

る。そして、インターネットの普及により、環境問題や労働者の人権問題などの社会的課題がより多くの消費者にとって身近なものとなりつつある。このような背景のなかで、「よりよい社会の実現」を目的とした**エシカル消費**（ethical consumption：倫理的消費）を行う消費者が近年増えてきている。日本でも「よりよい社会に向けて、人や社会・環境に配慮した消費行動（倫理的消費）への関心が高まっている」ことを理由として、消費者庁は 2015 年に「倫理的消費研究会」を立ち上げている（消費者庁［2015］）。

20-2 エシカル消費とは何か

エシカル（ethical）は「倫理的・道徳的」を意味する。そして、エシカル消費では、倫理的・道徳的に「良い」消費行動をすることで、より良い社会の実現を目標とする。また、エシカル消費は**持続可能な発展**を目指す消費でもあり、世代間公平（将来世代のニーズを満たす能力を損なわない社会）と世代内公平（現在世代におけるすべての人々がニーズを満たせる社会）が強調される（Brundtland［1987］）。持続可能な発展を支える 3 つの柱「経済（利益）」「環境（地球）」「社会（人）」とエシカル消費の関係について、考えてみたい。

20-2-1 経済（利益）

利益がなければ、ビジネスは成り立たない。いくらエシカルでも、商品としての魅力がなければ、持続可能なビジネスとは成り得ない。したがって、**エシカルプロダクツ**も、消費者に買い続けてもらうための通常通りのマーケティングが必要となる。そのうえ、売れることで社会貢献となることが求められる。

20-2-2 環境（地球）

第 1 章で、エコロジー意識がマーケティングに変革をもたらしたと述べた通り、環境に配慮する消費は、広く認められている。多くの企業が長年にわたり、環境問題に積極的に取り組んできた。学校でも環境教育が実施されているため、次世代が健康に生活できるように、環境に配慮するべきだという

考えはなじみ深い。市場においても、**環境配慮型商品**は数多くあり、省エネ家電、エコカー、オーガニック化粧品、再生紙などと、選択肢は多岐にわたる。

20-2-3 社会（人）

社会システムの持続可能性については、現在世代の公平性を中心として、「人権」と「貧困」が大きな課題となる。**フェアトレード**（fair trade：**公平貿易**）は、その代表例であり、「開発途上国の原料や製品を適正な価格で継続的に購入することにより、立場の弱い開発途上国の生産者や労働者の生活改善と自立を目指す『貿易のしくみ』」である（Fairtrade Label Japan［2012］）。欧米に比べ、日本での普及率は低いが、イオンや無印良品などのよく知られる企業もフェアトレード食品を取り扱い始めている。食品以外にも、オーガニックコットンなど環境に配慮した素材に、フェアな労働条件でつくられたエシカルファッションがファッション業界に新たな風を吹き込んでいる。

コーズ・リレーテッド・マーケティング（cause-related marketing：CRM）でも、貧困問題の解決に貢献する事例もみられる。たとえば、森永チョコレートの「1チョコ for 1スマイル」では、売上の一部で、カカオ生産国の子どもたちが安心して教育を受けられるように支援している[2]。

「社会」に関連したエシカル消費は、人権や貧困以外にも、さまざまな社会的課題に配慮した商品やサービスが存在する。たとえば、**応援消費**や**地産地消**であったり、地域の文化を守るため、伝統工芸品を積極的に購入したりする動きがある。

20-3 エシカル消費の動機

20-3-1 商品選択＝投票という意識

エシカル消費には、「エシカル」なモノを買い支える（buycott：バイコット）という側面だけでなく、「エシカルではない」モノを買い控える（boycott：ボイコット）というもうひとつの側面もある。そこには、商品選択は企業への「投票」であり、どのような企業に自分の「一票」を投じるかに、消費者は

責任を負うべきだという認識が根底にある（Dickinson and Carsky [2005]）。このような考え方では、「企業の社会的責任」に対応する「消費者の社会的責任」が問われる。そこで鍵となるのは、消費者側にそのような責任の意識があるかどうかである。エシカル消費が拡大するには、社会的課題の解決が「自分ごと化」しなければならない。

　そのためにも、日本政府は、**消費者市民社会**（consumer citizenship）への転換を図っている。消費者市民社会とは、「個人が、消費者・生活者としての役割において、社会問題、多様性、世界情勢、将来世代の状況などを考慮することによって、社会の発展と改善に積極的に参加する社会を意味している。つまり、そこで期待される消費者・生活者像は、自分自身の個人的ニーズと幸福を求めるとしても、消費や社会生活、政策形成過程などを通じて地球、世界、国、地域、そして家族の幸せを実現すべく、社会の主役として活躍する人々である」（内閣府[2009]）。

20-3-2 利己性と利他性のバランス

　では、「世のため、人のため」だけに消費者は行動するのか。それは、もちろんそうではない。いくら社会的なメリットがあろうとも、商品としての魅力がなければ、選択されない。つまり、エシカル消費は、**利己性**（消費者自身へのベネフィット）と**利他性**（他者へのベネフィット）のバランスから成り立っている[3]。

　エシカル消費は、利己性が高いものから利他性が高いものまで幅広くある。たとえば、電気代の節約のために節電製品を買うという購買動機は利己性が高く、奴隷労働を撲滅したいからフェアトレードのチョコレートを買うという購買動機は利他性が高い。また、同じ商品でも、消費者によって、利己性と利他性の意識が異なる場合もある。

　利己性と利他性の最適なバランスは、ターゲット市場によって異なり、利他性への反応が高いセグメントや利他性を懐疑的にとらえるセグメントなどが存在する。

20-4　エシカル消費の課題

20-4-1　マーケティング・ミックス：Product（製品）

　エシカルプロダクツは、環境や社会に配慮しながらも、消費者がその製品カテゴリーに求めるニーズを満たす必要がある。たとえば、**グリーン市場**の導入期には、環境に配慮するあまりに、期待される機能を満たさないモノが出回り、環境配慮型商品は環境を守る代価として使い勝手が悪いというイメージが定着し、グリーン市場の成長を阻んだ。

　これを教訓に、エシカル消費に関わる企業は、さまざまな消費者ニーズを満たすため、研究開発を続けている。しかし、環境や社会に配慮すると、何らかの製品属性（便利さや安さなど）が多少劣ることもある。その場合は、その劣る属性を補うほどにオファリング全体としての価値があるのか、そして、その価値を消費者にうまく伝えられるのかが鍵となる。

20-4-2　マーケティング・ミックス：Place（流通）

　エシカルプロダクツに興味があっても、それを簡単には購入できない消費者が数多く存在する。つまり、エシカルプロダクツの**入手可能性**が比較的低いということである。入手可能性が低いおもな理由は、「流通」と「価格」に関連する。本項では流通について、次項では価格について、説明したい。

　日本では、家電などの環境配慮型商品はある程度普及しているが、日常生活で使用するモノを環境に良いものだけでそろえたいなら専門店やネット販売に頼るしかなく、他のエシカルプロダクツの流通はさらに限定的である。都市部であれば、多少選択肢の幅も広がるが、欧米のように数多くのエシカルブランドから、好みのモノを選択できるという訳ではない。流通が限定的であれば、エシカルプロダクツが選択肢として存在していることを知らなかったり、好みのモノが見つからなかったりするので、エシカル消費がしにくくなる。

　エシカル消費を拡大するには、①製造業・流通業・小売業の努力によってエシカルプロダクツが売り場におかれることと、②消費者がエシカルプロダ

クツを選択することが必要となる。つまり、エシカルプロダクツの市場拡大は企業と消費者の両方の責任であるという理解がいる。エシカル消費は**ニッチ市場**に過ぎないという批判もあるが、エシカル消費がたんなるニッチにとどまってしまうならば、持続可能な社会は実現できない。現状の消費社会が続けば、気候変動などの社会的課題の深刻化は取り返しがつかなくなり、人々の生活が脅かされてしまうことを忘れてはならない。そう考えると、エシカル消費の拡大は、社会全体の責任といえる。

20-4-3 マーケティング・ミックス：Price（価格）

　エシカル消費の拡大を阻んでいるもうひとつの要因は、エシカル消費が割高であるという認識である。それは、エシカル消費の「コスト」と「価値」に関連する。

　まず、多くのエシカル消費はニッチ市場なので、**スケールメリット**（規模の経済）がさほど作用しないことがあげられる[1]。それ以外にもコストが高くなる理由をいくつかあげると：①安く買い叩くことをせず、生産者の生活が維持できる適正な対価を支払っている、②自然環境や労働者に合わせた、手間ひまかかる生産過程を経ている、③第三者の認証を受ける・維持する時間と費用がかかっている。このようなコストは売値に反映される。

　しかし、本当にエシカル消費は「高い」のか。それは、多くのブランド品に比べると必ずしもそうとはいえない。たとえば、「高い」と思われがちなオーガニック化粧品でも、大手メーカーのものと変わらないか、むしろ安いものもある。つまり、通常のブランド品のように、その価格に十分みあった「価値」があることを市場に認められるかどうかが、重要である。

20-4-4 マーケティング・ミックス：Promotion（プロモーション）

　まず、エシカル消費そのものへの理解や認知度の低さが大きな課題である。「持続可能な発展とその課題」や「エシカル消費の意義」がより広く知られるためには、企業のマーケティング・コミュニケーションだけでなく、学校教育やNPO団体の啓蒙活動なども大きな役割を果たすことが期待される。そして、「エシカル消費をするべき」という**社会的規範**（social norm）が形成

されれば、消費者の購買意思決定に影響を与えることができる（Ajzen [1991]）。

　また、エシカルプロダクツは、環境や社会の課題に取り組むため、一言では伝わりにくい複雑な価値をもつ。通常のプロモーションのうえに、①社会的課題が何であるか、それをなぜ解決すべきなのか、②消費することが、どのように解決につながるのか、③これまでの消費による課題解決の実績などをわかりやすく伝えなければならない。

　これらの事柄をどのように伝えるべきかを見きわめるのは容易ではない。たとえば、問題の深刻さを強調し過ぎると、**有効性評価**が低くなる可能性がある（これほど大きな問題は買い物という小さな行動では解決できないという認識）。または、罪悪感などの感情に訴えると、企業の**操作的意図**（manipulative intent）を消費者が感じ、広告主や広告に対して負の感情を抱く危険性もある（Cotte, Coulter, and Moore [2005]）。

　エシカル消費の価値をうまく消費者に伝えるには、社会的課題の背景やエシカルプロダクツのストーリーが簡単に理解できるようなコミュニケーションが必要となる。たとえば、**コンテンツマーケティング**（content marketing）などが有効な手段として用いられている。また、パッケージに付与される**第三者認証マーク**も複雑な事柄を簡素に伝える役割を担う。第三者認証は、情報収集や意思決定の負荷を軽減するだけでなく、ある一定水準を満たしているという保証となるため、懐疑的な消費者にも有効である。

20-4-5 懐疑主義

　エシカル消費が本当に社会貢献になるのかを疑問視する声もある[5]。このような**懐疑主義**への対応には、エシカルプロダクツが購入されることで、どのような成果をもたらすのかをしっかり伝えることが有効である。つまり、**説明責任**（accountability）と**透明性**（transparency）が鍵となる。

　しかし、日本には「陰徳」という考え方があるため、エシカルな取り組みについての積極的なコミュニケーションを躊躇する企業も多く（中間・江口 [2016]）、情報が企業サイトに埋もれている場合が多い。消費者がわざわざ検索しないと情報が見られない場合、説明責任は果たしているが、それでは

一般的な消費者の目に触れることはない。つまり、せっかくエシカルプロダクツを購入し、社会貢献へ参加したはずが、実際にはどうなったかわからないと感じる消費者が生じることを意味する。そうなると、エシカルプロダクツの価値伝達が弱まり、懐疑主義を刺激し、継続的に買い続けることの障害となる。対策としては、第三者認証も有効だが、消費者が目にしやすい形での成果報告が望まれる[6]。

研究のフロンティア

いくら「よりよい」モノを消費する動きが拡大しても、それだけで持続可能な社会は実現できない。大量生産・大量消費・大量廃棄の社会システムそのものを変えなければ、真の持続可能な発展は達成できない。

生産については、製品と生産過程の再設計で環境負荷を極限まで抑える**ゼロ・カーボン**（zero carbon）や**ゼロごみ生産**（zero waste manufacturing）が広がりつつある。エネルギーの効率化と再生エネルギーの使用、有害物質や包装の最小化、製品寿命の長期化などを実行したうえで、生産過程で「ごみ」が生じた場合は、廃棄せず、再利用やリサイクル、焼却によるエネルギー生成を行い、適正に処理する[7]。

消費については、「消費を嫌がる」**アンチ・コンサンプション**（anti-consumption）の動きが注目を集めている。それは、資本主義を批判する思想や**ボランタリー・シンプリシティ**（voluntary simplicity）のライフスタイルなど、さまざまな形で表現されるが、「より少ないモノで満足する」ことを理想としている点で共通している。

廃棄については、使い終えた製品の廃棄責任を消費者ではなく、企業が負うという新たな社会的規範の形成が望まれている。日本では、パソコンが「資源有効利用促進法」により、メーカーによる回収・リサイクルが義務づけられているが、このような取り組みをより多くの商品に適応することが求められている[8]。**使用済み製品回収**（end-of-life product take-back）には、回収するためのチャネルと、回収後リサイクルできる製品設計などが必要となる。

資源採集→生産→流通→消費→廃棄という「ゆりかごから墓場へ」から、消費→回収→資源の再利用＋最低限の資源採集→生産→流通→消費という「**ゆりかごからゆりかごへ**（cradle-to-cradle）」の**循環型生産システム**（closed loop production systems)へと移行することが期待される。資源採集から消費後までのすべての課程において、地球はもちろん人や社会に害を与えない新たな経済のしくみが望まれる。

グループワークのための研究課題

1. エシカル消費の事例を調べて、その製品が消費されることで、どのような社会的課題が解決されるかを考察してみよう。
2. 利己性と利他性に注目しながら、エシカル消費に関連したマーケティング・コミュニケーションを探し、分析してみよう。

注

[1] たとえば、ファスト・ファッションの低価格戦略は、発展途上国の劣悪な労働環境によって支えられており、多くの犠牲を出している。
[2] 詳しくは、森永製菓株式会社 １チョコ for １スマイル ホームページを参照のこと（http://www.morinaga.co.jp/1choco-1smile/）。
[3] 便宜上、利己性と利他性を両極としているが、利他性が高い行動も、「良いことをした」という満足感が得られるなど、個人へのベネフィットが含まれる。
[4] ただし、消費量が増える→スケールメリットによる価格低下と流通拡大→消費量が増える、という好循環が機能し始めている市場もある。
[5] 現に、「エシカル」を謳い文句にしながらも、実際には通常の企業や商品・サービスと大差ないものも存在する。
[6] たとえば、森永チョコレートの「１チョコ for １スマイル」キャンペーンでは、寄付の総額や仕様用途などが記載されたパンフレットをパッケージに入れているので、消費者の目に入りやすい形でキャンペーンの社会的意義を伝えることに成功している。
[7] たとえば、NIKE は従来型の製品と比べ廃棄を60％削減した Flyknit や NIKE 製品をリサイクルした、NIKE Grind 素材を使用している。
[8] たとえば、Patagonia は、お店で修理対応するだけでなく、リペア・ガイドを発行し、DIY の修理でも製品保証を無効としない。また、自社製品はすべて回収し、新しい素材にリサイクルしている。

参考文献

Ajzen, I., "The Theory of Planned Behavior," *Organizational Behavior and Human Decision Processes*, Vol. 50, No. 2, 1991, pp. 179-211

Brundtland, G.H., "Our Common Future-Call for Action," *Environmental Conservation*, Vol. 14, Issue 4, 1987, pp. 291-294

Cotte, J., Coulter, R.A., and M. Moore, "Enhancing or Disrupting Guilt: The Role of Ad Credibility and Perceived Manipulative Intent," Vol. 58, 2005, pp. 361-368

Dickinson, R.A. and M.L. Carsky, "The Consumer as Economic Voter" in Harrison, R., Newholm, T. and D. Shaw (eds.), *The Ethical Consumer*, London: Sage Publications Ltd., 2005, pp. 25-36

Fairtrade Label Japan「フェアトレードの定義」．<http://www.fairtrade-jp.org/about_fairtrade/000012.html> 2017 年 9 月 1 日アクセス

内閣府『平成 20 年版 国民生活白書 消費者市民社会への展望 －ゆとりと成熟した社会構築に向けて－』2009 年

中間 大維・江口 泰広『その商品は人を幸せにするか：ソーシャルプロダクツのすべて』株式会社ファーストプレス、2016 年

消費者庁『「倫理的消費」調査研究会の開催について』2015 年

第21章　スポーツ・マーケティング論 I

　スポーツ・マーケティングとは、スポーツのビジネス諸現象における問題をマーケティング論の知見によって解く活動のことである。この活動は比較的近年になって認知されてきた。そのため一見すると、他のビジネスには見られない目新しい現象が数多く起きているように見える。しかし、その活動の多くは、私たちがこれまで学んできたマーケティング論の基本的概念で説明できる。
　本章では、スポーツ・マーケティング論を支える前提を確認したうえで、この分野で頻繁に取り上げられる2つの活動をマーケティング論の基本的概念を用いて説明する。

21-1　スポーツ・マーケティングを学ぶ視点

　本書におけるスポーツ・マーケティングとは「スポーツのビジネス諸現象における問題をマーケティング論の知見によって解く活動」である。たとえば、スポーツのチーム同士が行う試合にどうしたら多くの観客をよぶことができるのかといった活動や、よび込んだ観客が試合会場に貼り出している看板にどうしたら気づくのかといった活動などがあげられる。このような活動は、スポーツの試合を運営するためにはお金が必要であると認識され始めた1970年代あたりから、広く知られるようになってきた。
　このスポーツ・マーケティングを学んでいく際に、私たちが最も注意を払わなければならないひとつは、目新しく見えるスポーツ・マーケティングの多くが実は古くからマーケティング論で扱われている基本的概念で説明できるということである。コトラー（P. Kotler）とレヴィ（S. Levy）のいう「**マーケティング概念の拡張（Broadening the Concept of Marketing）**」に沿って、私たちはスポーツ・マーケティングを学ぶ視点をもつことが必要となる（Kotler and Levy [1969]）。なぜならば、そうすることによって初めて、ス

ポーツの試合運営に携わっている現場の当事者が、いかに多くのマーケティング努力を日々行っているかを理解することができるからである。本書では、スポーツのビジネス諸現象の問題と現場の日々のマーケティング努力が最も顕在化しやすい事例として、主としてプロスポーツを題材とする。

21-2　スポーツチームと市場

21-2-1　勝敗と売上高の関係

　私たちがスポーツのビジネス諸現象を思い浮かべるとき、最も身近な競技はプロスポーツとして成立している野球やサッカーなどであろう。プロスポーツのチームは、試合を見に来る観客を消費者とみなして会場によぶ努力をしている。また、一連の大会に優勝すれば、賞金を獲得することができる。

　しかし、彼らは本当にマーケティングをする必要があるのだろうか。私たち消費者はスポーツ選手らのすぐれた**パフォーマンス**に満足することが多いからである。その場合には、プロスポーツのチームは、観客にマーケティングするよりも試合のパフォーマンスを向上させることを優先しているかもしれない。

　各チームのマーケティングに差の生じる余地があるかないかを巡っては、チームの勝敗と売上高の関係を示すことで答えが示されてきた（Szymanski and Kuypers［1999］）。もしチームが勝利すればするほど売上高が上昇するならば、観客は選手らのすぐれたパフォーマンスに満足することが多く、それゆえ、チームもその向上を優先しているだろう。このとき、チームが行っているマーケティングの努力の差はそれほど大きくないであろう。

　図 21-1 は、日本のプロサッカーを例にしてチームの勝敗と売上高の関係を示した散布図である。公益社団法人日本プロサッカーリーグのホームページに公開されている 2006 年度から 2009 年度までの J1 に所属したチームのデータを用い、横軸にチームの前年度の順位（1 位になればなるほど右側に位置づけられる）、縦軸にチームの次年度の売上高（売上高が多いほど上側に位置づけられる）が示された図である。両方ともグラフ上で線形の関係が明瞭に見えるように対数化（それぞれの値を自然対数に変換すること）してある。図にある直

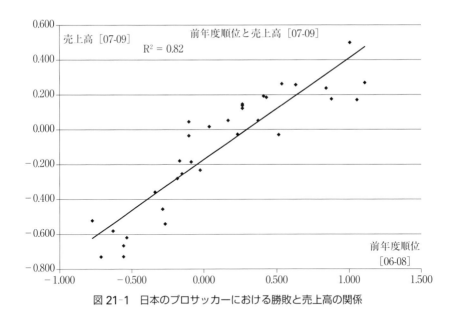

図 21-1　日本のプロサッカーにおける勝敗と売上高の関係

線は回帰直線とよばれ、すべての点から最も近い距離にある直線を示している。また同図にある R^2 は決定係数とよばれ、回帰直線がすべての点をどれほど説明しているかを示す値であり、その値が 0.82 であることから、回帰直線はすべての点の 82％ を説明すると解釈できる。

これを見ると、チームが前年度に勝利して順位が上昇すればするほど（右側に位置づけられるほど）次の年度の売上高も上昇する（上側に位置づけられる）関係が明瞭である。このような関係は、イギリスのプロサッカーであっても見られる。つまり、プロスポーツのチームは、まずは試合のパフォーマンスを向上させることを優先しているのである。

21-2-2　勝敗と売上高営業利益率の関係

それでは、プロスポーツにおいては、チームのマーケティングに差の生じる余地はほとんどないのであろうか。そうではないことも明らかにされている。

図 21-2 は、同じ期間における日本のプロサッカーを例にしたチームの勝

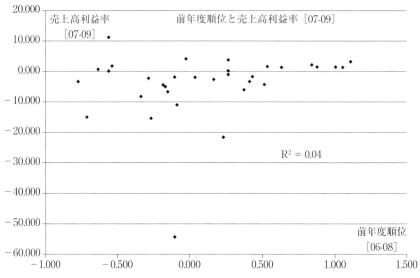

図 21-2　日本のプロサッカーにおける勝敗と売上高営業利益率の関係

敗と売上高営業利益率の関係を示した散布図である。横軸にチームの前年度の順位が示されているのは図 21-1 と変わらないが、縦軸にはチームの次年度の売上高営業利益率が示されている。これは、チームがどれほど効率よく利益を獲得しているかを示す値である。

　この図にある決定係数 R^2 は先ほどとは異なり、その値は 0.04 と小さいものである。これは仮に回帰直線を引いたとしても、その直線はすべての点の 4％ を説明するに過ぎないと解釈できる。それゆえ、この図には回帰直線を引いていない。すなわち、チームが前年度に勝利して順位が上昇した（右側に位置づけられた）としても次の年度の売上高営業利益率が上昇する（上側に位置づけられる）とは限らないということがわかる。このような関係は、イギリスのプロサッカーであっても見られる。つまり、上位にいるチームであっても利益を効率よく獲得しているわけではなく、各チームの利益の獲得のしかたは多様である余地が十分にあるのである。

21-2-3 スポーツチームと市場

これまで見てきたように、プロスポーツのチームは、まずは試合のパフォーマンス向上に努力している。しかし、チームの利益の効率的な獲得方法は必ずしも上位であれば見つかるわけではなく、組織的な工夫をする余地がある。つまり、プロスポーツの場面であっても、消費者は品質の高いサービス（試合）をなるべく安く求めている**合理的な経済人**ととらえることができる一方、企業（チーム）の利益追求はたんに品質（順位）を上げることによって達成できるものではない。これは他のビジネスと同様の市場構造とみなすことができよう。

21-3　チケット販売

プロスポーツのチームにおける収入の柱は2つある。ひとつは**チケット販売**である。もうひとつは**スポンサーシップの契約販売**である。本節ではチケット販売を説明し、次節でスポンサーシップの契約販売を説明する。

チケット販売は、プロスポーツのチームに限らず、スポーツに関連する多くの組織にとって収入源のひとつとなっている。組織の生産する試合を競技場で提供して観客から対価を得る方法である。多くの組織は、試合をサービスととらえ、これまで見てきたように、なるべく質の高いサービスを提供しようと努力している。同時に、サービスのもつ4つの特性を踏まえた対応策を採っていることが多い。

チームが提供する試合は、他のサービスと同様に、①**無形性**、②**同時性**、③**異質性**、④**消滅性**をもつ。これらの特性にチームは対応する。第1に、試合は無形性をもつため、観客はそれを事前に見たり触ったりできない。そこでチームは、ホームページ上に直近の試合結果を示したり、対戦相手との過去の戦績を示したりすることで、観客の**知覚リスク**を下げようと努力している。知覚リスクとは、消費者が商品を購入する際に感じる不安や懸念のことである。通常、企業はこのようなリスクを解消することで消費者の購入を促そうとする。一般に、知覚リスクは製品よりもサービスのほうが大きくなる。第2に、試合は同時性をもつため、観客はそれを消費するために競技場へ出

向かなければならない。そこでチームは、競技場まで臨時のシャトルバスを準備したり、競技場の開門時間を試合開始時間から十分早くしたりすることで、観客のアクセスの困難さを緩和させようと努力している。第3に、試合は異質性をもつため、観客は以前と同じような品質で試合が提供されるか判断しにくい。そこでチームは、試合に出場する予定の選手を事前に公表したり、直前の試合に出場した選手が大幅に入れ替わらないようにチーム同士で取り決めをしたりすることで、観客が品質を判断しやすいように努力している。第4に、試合は消滅性をもつため、観客は満席の試合を見ることができないし、空席の試合であっても満席の試合と同じような価格でサービスを消費するしかない。そこでチームは、満席や空席になりやすい試合のチケットをセットにした抱き合わせ販売をすることで、観客の即時的なニーズに応えようと努力している。

また、チケット販売においては、他のビジネスにおける販売と同様に、①**新規顧客の開拓**と②**既存顧客の深耕**の2つが実施されうる。これまでのスポーツ・マーケティングの研究では、経営の効率性の観点から、熱狂的なファンを維持しておくといった既存顧客の深耕が注目されてきた。なぜならば、マーケティング論において**顧客維持率**の向上が利益率向上につながるとする仮説が提示されているからである。しかしながら、この仮説の検証を巡ってはマーケティング論においても答えが定まっておらず、既存顧客の深耕にだけ注目するのは慎重になる必要がある。そればかりでなく、スポーツ・マーケティングの研究においても、2つの可能性があることが指摘されている。

第1に、自分が熱狂的なファンであると答える人々は心理的なかたよりをもっているかもしれないという可能性である。スポーツの試合の観客は勝利したチームに対してファン行動を採り、敗北したチームに対してはそうした行動を示さない傾向がある。これは**名誉に浴する効果**（Basking in Reflected Glory）とよばれる。既存顧客のなかには、このようなバイアスをもつ人々も混ざっている可能性がある。

第2に、観客の顧客維持率は**市場浸透度**の影響を受けているかもしれないという可能性である。市場浸透度とは一度でも自社製品を購入したことのある人々の市場参加者に占める割合のことをいう。マーケティング論において

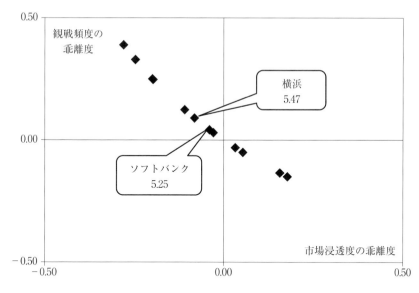

図 21-3 プロ野球の観戦頻度（モデルからの乖離）

は、企業の観測できる顧客維持率は市場浸透度に応じて高い傾向にあることが知られている。近年、このような傾向がプロスポーツにおいても見られることが明らかにされた。そのため、既存顧客のなかには市場浸透度の影響を受けた人々も混ざっている可能性がある。たとえば、近年の調査によると、日本のプロ野球チームである横浜 DeNA ベイスターズの観客の 2014 年度における平均観戦頻度は 5.47 回であり、福岡ソフトバンクホークスのそれは 5.25 回であった。通常、顧客維持率向上を目指すのであれば、福岡は横浜の観戦頻度まで向上させる必要があると考えられる。しかし、市場浸透度の影響を加味できる消費者行動の理論モデル（ディリクレモデルとよばれる数理モデル）から理論値を算出し、その乖離を見てみよう。それが図 21-3 である。横軸は市場浸透度の乖離である。各チームの市場浸透度の観測値が理論値から正に乖離しているほど右側に位置づけられる。まったく乖離していなければ、すなわち、理論値と観測値が一致していれば、ゼロの軸にプロットされる。一方、縦軸は観戦頻度の乖離である。横軸と同様に、各チームの観戦頻度の観測値が理論値から正に乖離しているほど上側に位置づけられ、まった

く乖離していなければ、ゼロの軸にプロットされる。図21-3を改めて見ると、両チームともゼロよりも上側に位置している。これは他のチームが目指すべき高い観戦頻度を両チームがすでに達成していることを意味している。

チケット販売においては、このような可能性を見きわめて、新規顧客の開拓や既存顧客の深耕を検討する必要があるのである。

21-4　スポンサーシップ契約販売

スポンサーシップの契約販売はチームのもうひとつの収入源となっている。一般に、スポンサーシップは、商業的目的を達成するために、スポーツ、音楽、お祭り、フェア、芸術活動全般などの、ある活動に対して金銭あるいは物品で企業が支援することと定義されている（Meenaghan［1983］）。たとえば、試合会場に掲出されている企業の広告や、そうした企業関係者が優先的に使える座席が用意され、彼らの提供する商品パッケージにはチームの**ロゴ**が並列されているなどといった活動のことである。

この契約販売は、チームの別の収入源となっている**放映権の販売**や**ライセンスグッズの契約販売**と同じく、自社（販売主体であるチーム）の**ブランドイメージ**を契約相手に活用してもらうという取引上の構造をもっている。ただし、最終的にイメージを活用する主体は、スポンサーシップの場合はスポンサーであり、放映権の場合はテレビ番組のスポンサーであり、ライセンスグッズの場合は製品を販売するメーカーであるという若干の相違はある。

スポンサーシップの契約販売においては、自らのチームのブランドイメージと契約相手のブランドイメージとの**適合 (Fit)** が重要であるとされている。適合が十分な場合に、観客は両方のブランドイメージを好意的にとらえる傾向があると明らかにされてきたからである。このような効果は、ケラー（S. Keller）のいう「**ブランド知識**」に沿って進められた研究によって明らかにされてきた（Keller［1998］）。

ブランド知識は**ブランド認知**とブランドイメージで構成されているが、スポンサーシップの初期の研究では認知に焦点があてられた。具体的には、試合会場に並んでいる看板にどれほどの人々が気づいたのかという問題、続い

て試合開催の前後で看板に気づいた人々の割合が変化するかどうかという問題、さらに、試合開催の前後でスポンサーシップを行った企業を思い出せる人々の割合が変化するかどうかという問題などが取り組まれた。その結果、スポンサーシップは観客の認知をたしかに高める効果をもつものの、その上昇率には大きな差があることが明らかとなった。

この上昇率の差は、ブランド知識のもう一方の概念であるブランドイメージによるものではないかと疑われた。その結果、好ましいブランドイメージをもつほど認知率が高くなる傾向が明らかになり、さらに、そうした好ましさはチームとスポンサーの適合によることが明らかとなったのである。

しかしながら、この適合が契約を結ぶ当初から必要なのか、そうではなく、契約後の活動によって獲得されるものなのかという点については、見解が一致していない。ブランドイメージのもつユニークさが契約当初から適合しているからこそ、観客のもつブランドへの好ましさが向上するという主張もある。一方で、ブランドイメージのユニークさが異なっているからこそ、イメージは新しいイメージを獲得し、観客がブランドを好ましく感じるようになるという主張もある。

このように、スポンサーシップ契約販売においては、チームと契約相手の適合に注意を払い続ける継続的な努力が必要なのである。

グループワークのための研究課題

1. 試合の異質性へチームは具体的にどのように対応しているかを話しあってみよう。
2. スポンサーシップの契約には具体的にどのような活動があるか調べてみよう。

参考文献

Keller, K., *Strategic Brand Management: Building, Measuring and Managing Brand Equity*, Prentice Hall, 1998

Kotler, P. and Levy, S., "Broadening the Concept of Marketing," *Journal of Marketing*, 33(1), 10-15, 1969

Meenaghan, J., "Commercial Sponsorship", *European Journal of Marketing*, 7(7), 5-73, 1983

Szymanski, S. and Kuypers T., *Winners and Losers*, Penguin Books, 1999

第22章 スポーツ・マーケティング論 II

　スポーツ・マーケティング論 I では、スポーツのビジネス諸現象の基本的な問題をマーケティング論の知見によって説明してきた。しかし読者のなかには、スポーツのビジネス諸現象にはマーケティング論だけでは十分説明できない問題もあるはずだと思う人もいるだろう。このような問題は、比較的古くから注目され、マーケティングや関連分野の既存知見で一定程度説明できることが知られている。

　本章では企業、消費者、商品の順に、その代表的な問題とその解法を紹介する。

22-1　企業の問題；スポーツの組織における人件費

22-1-1　売上高人件費比率の高さ

　一見するとユニークに見えるスポーツのビジネス諸現象のひとつは、チームの生産を支える選手の人件費比率の高さだろう。ここで示す**売上高人件費比率**の高さとは新聞紙上をにぎわすような選手個人の年俸の高さではなく、組織の売上高に占める割合の高さである。

　実際、イギリスのプロサッカーチームのマンチェスター・ユナイテッド (Manchester United) は、1978年の売上高が￡1,776,000 であり、2015年のそれは￡395,000,000 と大幅に増えている一方で、1978年の人件費は35％ (￡630,000) を占めており、2015年でも52％ (￡204,000,000) を占め、その割合は高く推移している。同様の傾向は日本でもみられ、プロサッカーチームの浦和レッズは、2005年の人件費の売上高に占める割合は40％ (人件費23億円、売上高58億円) であり、2015年のそれは34％ (人件費20億円、売上高60億円) と、その割合は高いままに留まっている。この値は、製造業の割合が15％以下、小売業の割合が10％程度であることからすると高いままなのである。

22-1-2 ボーモルのコスト病

スポーツチームの人件費比率がなぜ高いままなのかを巡っては、実は、オーケストラなどの実演芸術を対象にした研究から仮説が提示されている（Baumol and Bowen［1966］）。それは「**ボーモルのコスト病（Baumol's cost disease）**」とよばれ、経済学の分野では**技術的不均斉成長**のマクロモデルとして知られている。

この仮説では、人件費比率が高くなるのは、スポーツのようなサービス業では**生産性**が変化せず一定に留まり続ける産業部門であるからと説明されている。簡単にいえば、1978 年であっても 2015 年であってもサッカーの試合を生産するには少なくとも 22 人（11 人が 2 チーム）必要となり、その生産性は上昇しにくいということである。

詳しく説明しよう。この仮説は、次の 3 つの仮定から成り立つ。第 1 は、社会には機械化などで生産性が上昇する部門 A とスポーツのような生産性が変化しない部門 B がある。第 2 は、人件費は部門 A の生産性の上昇率と同じ率で上昇する。第 3 は、両部門の人件費はつねに等しい。ここから、部門 A の生産性が上昇すればするほど、部門 B の人件費比率が高くなるという仮説が導かれる。

表 22-1 は、部門 A における生産性が 2 倍、3 倍になった時点における各部門の生産量と人件費比率を示している。t 時点において両部門は、同じ生産性 1 で生産量 100 を産出し、人件費はともに 10 だったとしよう。しかし、t＋1 時点においては部門 A の生産性が 2 倍になっている。このとき、第 2 の仮定から人件費も 2 倍となる。さらに第 3 の仮定から部門 B の人件費は 20 となる。部門 A では生産量が 200 と増えているので、人件費比率は 10％ で変わらないが、部門 B では生産量が 100 で変化していないので、人件費比率は 20％ に上昇してしまう。このようなことが t＋2 時点でも起きるのである。

このような仮説がスポーツの場合に当てはまるかどうかは今のところ確認されていない。しかし、組織の大半を占める人件費は、比較的古くから検討され、一定程度、説明されてきたのである。

表22-1 ボーモルのコスト病の発生（tは年を表す）

	t	t+1	t+2
部門 A			
生産性	1	2	3
生産量	100	200	300
人件費	10	20	30
人件費比率	10%	10%	10%
部門 B			
生産性	1	1	1
生産量	100	100	100
人件費	10	20	30
人件費比率	10%	20%	30%

22-2　消費者の問題；熱狂的ファンと結果の不確実性仮説

22-2-1　熱狂的ファン

　一見するとユニークに見えるスポーツのビジネス諸現象のもうひとつは、チームの収入を支える消費者である観客だろう。彼ら観客のなかでも熱狂的なファンは、他のビジネスには見られないような行動を見せるといわれている。たとえば、彼らファンは、たんに試合を黙って観ているわけではなく、応援歌を歌ったり、選手と同じユニフォーム（**レプリカ・ユニフォーム**とよばれる）を着たり、応援グッズを手づくりしたりする。

　しかし、このような人々が他のビジネスに見られないとはいえない。特定の会社に**ロイヤルティ**を示す消費者がいることは広く知られているからである。たとえば、アップル社の消費者は創業者の死を悼んで会社の前に花を手向けるといった行動をとっている。

　また、スポーツに見られる熱狂的なファンの多くは、応援しているチームが勝利することを望んでいるだろう。スポーツ・マーケティング論Iで学んだように、チームの勝利はサービスの品質の高さを表している。それゆえ、彼らの多くは、ユニークな存在であるわけではなく、他のビジネスに多く見られるような高品質のサービスを求める合理的な経済人であると解釈することもできるだろう。

22-2-2 結果の不確実性仮説

スポーツのビジネス諸現象のなかでユニークであると考えられてきたのは、そのような特定チームに熱狂するファンではなく、むしろ通常の観客であった。彼らは、熱狂的ファンが望むような応援チームの勝利ではなく、どちらのチームが勝つのかわからず競り合っている姿を見てハラハラすることを求めているのではないか。このような仮説が古くから提示されてきたのである。

この仮説は「**結果の不確実性仮説**(The Uncertainty of Outcome Hypothesis)」とよばれる(Neale [1969])。結果の不確実性とは、商品の評価を消費者が事前に予測できないことを指すが、スポーツの試合を例にとると、前もってどちらが勝つのか予測できないことである。つまり、観客は、どちらが勝つのか前もってわかっていないほど、そうした試合を面白そうと感じ見ようとするはずだという仮説が提示されてきたのである。

そもそもこの仮説は、プロボクサーの所得に関する思考実験から着想された。1930年代に活躍したアメリカ人ボクサーのジョー・ルイスとドイツ人ボクサーのマックス・シュメリングとは実力伯仲のライバルであった。もしルイスがシュメリングよりもはるかに強くなったならば、彼の所得はその実力に応じて高くなるだろうか。そうはならない。力の差があるほど結果は予測しやすくなってしまうので、人々の注目を集めなくなり、必ずしも所得が高くなるわけではないだろう。

この仮説のもつ理論的な意義はきわめて大きい。なぜならば、通常のビジネスの場合、購入を予定している商品の評価が事前に予測できなければできないほど、消費者はそうした商品を購入しようとはしないからである。このときに消費者が抱くリスクが**知覚リスク**である。つまり、通常では、結果の不確実性が増すほど消費者は知覚リスクが大きくなり購買に至る確率が減少するのに対して、スポーツの試合の場合、結果の不確実性が増すほど**購買確率**が増えると考えられたのである。このような現象は、推理小説を読んだり、遊園地のお化け屋敷に入ったりといった消費者行動にも当てはまるかもしれない。

22-2-3 仮説の検証状況

しかし、この結果の不確実性仮説が本当に観客の行動を説明するのかというと、一致した見解は未だ示されていない状況にある。より詳細に述べるならば、この仮説を検証した研究群は、結果の不確実性における「結果」の捉え方によって、3種類に分けられる。第1は、結果とは、ある試合でどちらかが勝ちどちらかが負けることであると捉えた研究である。この場合、実力の伯仲したチーム同士の試合ほど**入場者数**が増えるはずであるという仮説を検証することになる。第2は、結果とは、ある大会でだれが優勝するかであると捉えた研究である。この場合、リーグを戦う多くのチームの勝率が50％になるほど入場者数が増えるはずであるという仮説を検証することになる。第3は、結果とは、ある期間にわたってだれが優勝し続けるかであると捉えた研究である。この場合、過去に優勝したことのあるチームが多様なほど入場者数が増えるはずであるという仮説を検証することになる。

これらいずれの研究においても統一した見解は示されていない状況にあるけれども、部分的に明らかになっていることもある。ここでは日本のプロサッカーを例にした2番目に示した種類の検証結果を紹介しよう。その結果が図22-1に示されている。そこでは、1993年から2012年までのデータを

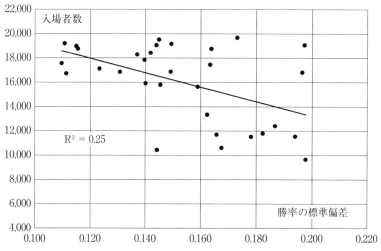

図22-1　日本のプロサッカーにおける勝率の標準偏差と入場者数

使い、横軸に各シーズンの勝率の**標準偏差**（どれほど各チームの勝率が散らばっているか）をとり、縦軸に1試合平均の入場者数をとった散布図が示されている。図22-1にある直線は回帰直線とよばれ、すべての点から最も近い距離にある直線を示している。また同図にある R^2 は決定係数とよばれ、回帰直線がすべての点をどれほど説明しているかを示す値であり、その値が0.25であることから、回帰直線はすべての点の25％を説明すると解釈できる。これを見ると、勝率の標準偏差がゼロに近くなるほど、すなわち、各チームが優勝争いをしているほど、入場者数が増えていることがわかる。

22-3　商品の問題；アンブッシュ・マーケティング

22-3-1　アンブッシュ・マーケティング

　一見するとユニークに見えるスポーツのビジネス諸現象の最後のひとつは、自社（チーム）のブランドイメージを他社が利用する構造をもつスポンサーシップであろう。こうした構造の取引は、チームとスポンサーがイメージの上で**適合**していると観客が両社に好意を抱く傾向をもたらすがゆえに成立する。それゆえ、スポンサーにとっては、いかなるチームやイベントを選択するのかという問いに最大の注意が向けられてきたのである。しかし、契約したスポンサーシップから、いかに効率よく**競争優位性**を得るかという問いへも関心が向けられている。

　その背景には、大きく3つの出来事があったと理解できる。第1は、スポンサーシップの契約を交わしただけでは企業の成果は不十分であったという事実が示されたことである。第2に、この問題を克服するためにてこ入れとよばれる活動に注目が集まったことである。第3に、そうしたてこ入れが重要であるとすれば、どのようにてこ入れすればよいかが探られたことである。

　第1事実とは、アメリカのプロフットボールのリーグである National Football League（NFL）とスポンサーシップ契約を結んだコカコーラが、契約を結んでいないペプシコとほぼ同程度の認知しか達していないということであった（Crimmins and Horn [1996]）。ペプシコは、コストが必要となるスポンサーシップ契約を避け、イベント期間中に集中的なテレビ広告を行っ

てイベントとの連想を促すといった対応策をとった。このような対応策は、**アンブッシュ・マーケティング**（Ambush Marketing）とよばれた。

22-3-2 追加的てこ入れ

　その後、このアンブッシュ・マーケティングを防衛するために、スポンサーシップには追加的なてこ入れ（**レバレッジング**よばれる）が有効であることが明らかになってきた。たとえば、スポンサーによる追加的な広告はとりわけ女性の認知に対して有効であることも明らかになった。イメージ上であれ論理的であれスポンサーとイベントとの適合を消費者が認知した場合には追加的な広告がブランドイメージの向上に有効であった。一方、スポンサーシップを管理する実務者は、追加的な広告や販促活動が競合ブランドとの差別化および財務的成果に貢献があると認識していることもわかってきた。

　これらの知見は、それではどのようなてこ入れが効率の良いものなのかという関心を浮上させる。そこでは、消費者の使用経験を促すような**プロダクト・トライアル**（Product Trial）と社会的問題の解決を図ることができる**コーズ・リレーティド・マーケティング**（cause related marketing：CRM）が消費者の能動性を促すために効率的であると指摘されつつある。たとえば、スポンサーである自動車メーカーが試合会場で体験ブースを設置することは、自社ロゴを**会場ディスプレイ**に提示したりボランティアに自社のTシャツを着てもらったりすることよりも、消費者のもつスポンサーへの態度と次回の購買意図を高める効果があることが明らかになっている。また、乳がん早期検診活動に取り組む自動車レース組織へのスポンサーシップにおいて、そうした活動に能動的に参加するよう伝えることが、消費者の次回の購買意図を高めることも明らかになった。しかも乳がんにかかった経験のない人々ほどそうした傾向が強まるため、対象を絞ったコーズ・リレーティド・マーケティングが効率的となるようである。さらに、クリックすればイベントに出場する選手の情報が深く読み込めるウェブサイトのように、能動的に情報収集できるウェブサイトが、たんなる広告や広報といった商業的プロモーションよりも消費者の態度を肯定的に高めることも明らかになっている。

22-3-3 スポーツを商品としてとらえる困難さ

このように、アンブッシュ・マーケティングをひとつの契機として、スポンサーは契約したスポンサーシップから追加的なてこ入れをして競争優位性を効率的に獲得しようとしている。さらに、上で述べたように、消費者が能動的に参加できるてこ入れが効率的であるのかもしれない。

このような状況下にあるスポーツチームにとっては、スポンサーシップの権利販売を短期的な取引ととらえることは最早困難であろう。そのような実務的な見通しばかりではない。スポンサーが関心を拡大させた背景にあるアンブッシュ・マーケティングの存在は、自らの組織が生産したといったん思っていたスポーツのイメージが実は思わぬ**外部性**をもつ厄介な存在であることも示しているかもしれないのである。

> 研究のフロンティア

結果の不確実性仮説に関連する概念は、本章で示したようにマクロレベルで検討されているばかりでなく、消費者行動論のようなミクロレベルでも、近年になって検討され始めている。ひとつは**知覚リスク**という概念であり、もうひとつは不確実性がもたらす**楽しみ**（Pleasure）という概念である。

スポーツ観戦は試合の結果が事前にわからないので知覚リスクも大きいだろうと推測できる。実際、各チームはホームページや競技場で配布するプログラムで直近の試合の結果や過去の戦績を公開することで、この知覚リスクを小さくしようと努力しているように見える。しかし、自動車レンタルサービスやせき止めドロップといった製品と比べても、スポーツ観戦の知覚リスクは大きくないことが明らかとなっている。また、スカイダイビングなど危険をともなうスポーツの意思決定に際しても知覚リスクは大きいだろうと推測できる。近年の研究では、確かに初心者は知覚リスクを大きく感じているけれども、没入経験を通じた熟達者はそれほど大きく感じてはいないことも明らかになっている。

一方、同じ不確実性でも、もたらされる**期待**がポジティブな場合、消費者は不確実であるほど楽しくなるという近年の研究もある。必ず勝つように設定されたゲームをした消費者おのおのが、その見返りに次のような4種類の条件を示された。①

金額（最も確実）、②金額相当の商品（やや確実）、③商品（やや不確実）、④何も知らされない（不確実）という4条件である。このうち、①の条件を提示された消費者よりも②から④の条件を提示された消費者のほうがポジティブな感情を抱いていたことが明らかにされている。

このように、人間の不確実性に対する不安や期待は複雑なため、現在でも研究が進められ続けているのである。

グループワークのための研究課題

1. ボーモルのコスト病は実演芸術やスポーツの他にどのような産業に当てはまるかを考えてみよう。
2. スポーツの結果を、第1のとらえ方あるいは第3のとらえ方とした場合、結果の不確実性仮説をどのように検証すればよいかを考えてみよう。

参考文献

Baumol, W. and Bowen, W., *Performing Arts, The Economic Dilemma: a study of problems common to theater, opera, music, and dance*, Twentieth Century Fund, 1966

Crimmins, J. and Horn, M., "Sponsorship: From Management Ego Trip to Marketing Success," *Journal of Advertising Research*, July/August, pp.11-21, 1996

Neale, W., "The Peculiar Economics of Professional Sports," *Quarterly Journal of Economics*, 78(1), 1-14, 1969

さくいん

数　字

3C分析	63
3R	17
4P	14

A–Z

AIDMAモデル	129
AISASモデル	129
AMITULモデル	129
BTL（Below the line）	136
CSR（corporate social responsibility）	17, 203
EMS（Electronics Manufacturing Service）	193
eクチコミ	183
IHIP	105
IMC	135
ISO認証	17
IT	17
PIMS（Profit Impact of Market Strategies）	16
POP	136
POS（point of sales system）システム	71
PR	59
RTB（Real Time Bidding）	177
SEO	173
SERVQUAL（サーブカル）	167
SNS	176
SP（セールス・プロモーション）	29
STP	22
SWOT分析	63
URL（Uniform Resource Locator）	179
UX	173
WWW（world wide web：ウェブ）	172

あ 行

アーリーアダプター 112
アーリーマジョリティ 112
アーンドメディア（earned media） 130, 175
アイデアの創造 38
アカウントプランナー 134
アドネットワークおよびアドエクスチェンジ 177
アフィリエイト・プログラム 176
アフィリエイト広告 176
アプリ内広告 175
アローワンス（allowance） 140
アンチ・コンサンプション（anti-consumption） 210
アンブッシュ・マーケティング（Ambush Marketing） 229
威光価格 40
意思決定目標 152
異質性（heterogeneity） 12, 105, 217
一体化 122
一方が他方の問題を解決するために提供する無形の活動であり、所有権の移転はもたらさないもの 102
イノベーター 112
インストリーム広告 176
インセンティブ（incentive） 68
インターナショナル・マーケティング 192
インターナル・マーケティング（internal marketing） 143, 169
インタラクション 17
インタラクション経験 119
インタラクティブ・マーケティング 143
インパック・クーポン（in-pack coupon） 73
インパック・プレミアム 74
インバナー広告 176
インフィード広告 176
ウェブ広告 175
ウェブサイト 172
ウェルフェア（welfare） 16
ウォンツ（wants） 33
売上高 12
売上高人件費比率 223
上澄み吸収価格戦略 40
営利セクター 11
エシカル（ethical） 204
エシカル消費（ethical consumption：倫理的消費） 204
エシカルプロダクツ 204
エスノセントリズム（ethnocentrism） 199
エンパワーメント（empowerment） 169
オープン懸賞 74
応援消費 205
オウンドメディア（owned media） 130, 175
おとり商品 73
オピニオンリーダー 112
オフショア 193
オプトインメール 180
オムニチャネル（omni-channel） 125
卸売業者 45
卸売りや小売りの企業 9
オンパック・クーポン（on-pack coupon） 73
オンパック・プレミアム 74

さくいん 233

か　行

カード	17
海外市場	192
海外直接投資	197
懐疑主義	209
会場ディスプレイ	229
回答形式	95
外部性	230
開放的流通	120
価格型プロモーション（price promotion）	69
拡散（divergence）	194
カスタマーサポート・パート	173
カスタマイゼーション（customization）	146
過程品質（process quality）	165
カテゴリー	148
カテゴリー拡張	37
家電リサイクル	17
家電量販店	48
感覚受容器	80
環境配慮型商品	205
環境要因	14
観察法	92
感情	77
間接マーケティング・チャネル	43
間接輸出	197
管理システム	46
キービジュアル	64
記憶（memory）	17
企業システム	46
企業ドメイン（事業領域）	16
企業ブランド	110
技術的不均斉成長	224
既存顧客の深耕	218
期待	230
期待不一致（expectancy-disconfirmation）	164
規範的	11
規模の経済	195
キャズム	113
キャッシュバック	73
教育支援プログラム	141
教育水準	199
競合（Competitor）分析	63
強制	122
競争に基づく価格設定	39
競争優位性	228
共同生産者（co-producer）	107
拒否集合	154
クーポン	73
苦情行動（complaint behavior）	163
クチコミ・マーケティング	182
グリーン市場	207
グリーン税制	17
グリーン・マーケティング	16
クリエイティブブリーフ	134
グローバル・コンセプト	196
グローバル・ブランド	196
グローバル・ブランド戦略	196
グローバル・マーケティング	192
グローバル・マーケティング戦略	195, 198
グローバル・マーケティング・リサーチ	199
経験財（experience goods）	106
経済原則	10
経済発展の度合い	199
契約システム	46
系列化	47
結果の不確実性仮説（The Uncertainty of Outcome Hypothesis）	226

結果品質（outcome quality） 165	行動（behavioral）変数 13	コンビニエンスストア 48
結束 124	購入意向率 66	
権限委譲（empowerment： エンパワーメント） 144	購入プロセス 118	
	購買確率 226	
検索エンジン最適化 174	購買慣習 27	
検索サービス 174	広報 29	
検索連動型広告 176	効用 10	
懸賞（コンテスト、スイープステークス） 74	小売業者 45	
	合理的な経済人 217	
権力格差 200	顧客・市場（Customer）分析 63	
コーズ・リレーテッド・マーケティング（cause-related marketing：CRM） 205, 229	顧客維持率 218	
	顧客接点のサービス提供者との相互作用 166	
	顧客満足（customer satisfaction） 144, 162	
コーポレート・コミュニケーション 173	顧客満足度（Customer Satisfaction） 111	
コーポレート・パート 173	国内市場 192	
合意形成 124	コスト削減 196	
交換 10	コストに基づく価格設定 39	
広告 15, 29	コミュニケーション目標 63	
広告アローワンス（advertising allowance） 140	コンセプトづくり 10	
	コンテスト（contest） 74	
広告会社 9	コンテンツマーケティング（content marketing） 132, 209	
広告コンセプト 63		
高コンテクスト 200		
構造 17	コンテンツ連動型広告 177	
行動 77	コントロール可能要因 14	

さくいん 235

さ 行

サービス（services）100, 193
サービスが提供される物理的
　環境　166
サービス工場　104
サービススケープ
　（servicescape）　166
サービス提供の場に居合わせ
　た他の顧客　166
サービスの工業化
　（industrialization of
　service）　107
サービス品質（service
　quality）　164
サービス・プロフィット・
　チェーン（service-profit
　chain）　170
サービス保証（service
　guarantee）　106
サービス・リカバリー
　（service recovery）　163
サイコグラフィック
　（psychographic）変数　13
最終消費者　45
最適化原理　151
サプライ・チェーン・マネジ
　メント（supply chain
　management／SCM）51

サンプリング（sampling）74
シェアードメディア　175
識別機能　110
事業性の分析　38
刺激―反応型　82
自社（Company）分析　63
市場細分化　118
市場志向　14
市場浸透価格戦略　40
市場浸透度　218
市場セグメント　119
市場導入　39
市場と消費のグローバル化
　　193
市場の反応　12
持続可能な開発目標
　（sustainable development
　goals：SDGs）　203
持続可能な発展　204
視聴率の変更　137
実験法　92
実証的　11
質問法　92
支払意思額（willingness to
　pay）　162
社会志向　21
社会的規範（social norm）
　　208
社会的品ぞろえ　28

尺度　95
従業員満足（employee
　satisfaction：ES）144, 169
収束（convergence）　194
集団主義・個人主義　200
集団的特性　199
周辺的ルート　150
需要に基づく価格設定　39
循環型生産システム（closed
　loop production systems）
　　210
準拠集団　157
商業学　11
使用済み製品回収（end-of-
　life product take-back）
　　210
象徴的動機　10
消費者エスノセントリズム
　（consumer
　ethnocentrism）　200
消費社会　203
消費者（顧客）志向　21, 33
消費者市民社会（consumer
　citizenship）　206
消費者敵対心（consumer
　animosity）　201
消費者ニーズ　21
消費者の態度（attitude）　13

消費者向けプロモーション	
（consumer promotion）	69
商標	109
情報共有	124
情報洪水	184
情報収集	119
情報処理	17
情報伝達	42
消滅性（perishability）	
	105, 217
所得水準	199
所有権移転	42
所有・使用経験	118
処理集合	154
新規顧客の開拓	218
人口動態的変数（デモグラフィック変数）	23
進出市場の特性	196
人的販売	15, 29, 61, 141
信用財（credence goods）	
	106
心理学の概念と方法	13
心理的変数（サイコグラフィック変数）	23
スイートスポット	134
スイープステークス（sweepstakes）	74
衰退期	114

垂直的マーケティング・システム	46
スキーマ	148
スクリーニング	38
スクリプト	149
スケールメリット	208
スタッフ（サービス）活動	15
ステルス・マーケティング	188
ストア・クーポン	73
スポンサーシップ（sponsorship）	71
スポンサーシップの契約販売	217
生産性	224
生産と消費の不可分性（inseparability）	105
生産のグローバル化	193
成熟期	114
製造企業（メーカー）	9
精緻化見込みモデル	150
成長期	113
正当性	122
製品（product）	100
製品開発	15
製品コンセプト開発	38
製品差別化	36
製品ブランド	110

製品ポートフォリオ分析	16
製品ミックス（製品アソートメント）	36
製品ライフサイクル（Product Life Cycle）	15, 113
世界観	17
セグメンテーション（Segmentation）	22, 23
セグメンテーションの基準（変数）	13
生活の質（quality of life）	16
説明責任（accountability）	70, 209
ゼロ・カーボン（zero carbon）	210
ゼロごみ生産（zero waste manufacturing）	210
選択的流通	120
専門性	122
戦略市場計画（strategic market planning）	16
戦略的提携	197
ソーシャル（ソサエタル）・マーケティング	16
ソーシャルメディア広告	177
想起機能	110
想起集合	154
総合商社	198

さくいん　237

総合スーパー 48
操作的意図（manipulative intent） 209
双方向性（interactivity） 142

た 行

ターゲット 63
ターゲティング（Targeting） 22, 24
耐久性 27
第三者認証マーク 209
多チャンネル化 70
建値制 48
楽しみ（Pleasure） 230
短期記憶 80
探索財（search goods） 106
男性らしさ・女性らしさ 200
弾力性 12
地域ブランディングとサブカルチャー 115
知覚価値（perceived value） 164
知覚リスク（perceived risk） 106, 217, 226, 230
チケット販売 217
地産地消 205
知識状態 17
知名集合 154
チャネル・キャプテン 48
チャネル構造 120
チャネル・コンフリクト 124
チャネルの広狭 120
チャネルの長短 120

チャネルの長さ 45
仲裁 125
中小専門店 48
中心的ルート 150
長期記憶 80
長期志向・短期志向 200
調査会社 9
直接投資 198
直接反応広告 136
直接マーケティング・チャネル 43
直接輸出 197
地理的（geographic）変数 13
陳列アローワンス（display allowance） 140
通信販売 43
ディールプローン（deal prone） 72
低コンテクスト 200
定性調査 91
定性・定量調査 199
定量調査 91
適応化 195
適合（Fit） 220, 228
テキスト広告 175
テスト・マーケティング 39
デモグラフィック（demographic）変数 13

伝統的チャネル	46	
店舗実演	141	
トーン&マナー	65	
動画広告	175	
統合型マーケティング・コミュニケーション（IMC）	75	
同時性	217	
同質性	12	
統制	124	
導入期	113	
透明性（transparency）	209	
特定商取引法	178	
ドラッグストア	48	
取引依存度モデル	123	
取引関係	46	
取引処理	119	
取引総数最小化の原理	28	
トリプルメディア	130, 174	
トレードショー（trade show）	141	

な 行

ニーズ	14, 33
ニッチ市場	208
日本版顧客満足度指数（JCSI）	164
ニューロサイエンス（神経科学）	18
入手可能集合	154
入手可能性	207
入場者数	227
認知	77
認知科学（cognitive science）	17
認知科学の発展と応用	17
認知率	66
ネイティブ広告	177
ネットショップ	173
値引き	72
脳科学	18

は 行

パーソナライゼーション（personalization）	146
バーチャル・モール	178
バイイングプラン	67
排他的流通	120
ハイパーリンク（hyperlink）	172
端数価格	40
バナー広告	175
パフォーマンス	214
パブリシティ活動	60
パワー	122
パワー基盤	122
販売先	45
販売促進	15, 29
販売促進活動	136
非営利セクター	11
非価格型プロモーション（non-price promotion）	70
ビジネスユニット	16
非処理集合	154
非知名集合	154
百貨店	48
ヒューリスティックス	151
標準化	195
標準的取引価格	48
標準偏差	228

標的（ターゲット）	13	ブランド・カテゴライゼーション	154	便益	10
頻度	67	ブランドコンタクトポイント	132	便益の束（bundle of benefit）	35
ファーマーズマーケット	44	ブランド知識	220	変革志向サービス研究（TSR: transformative service research）	170
フェアトレード（fair trade：公平貿易）	205	ブランド認知	220		
付加価値サービス	119	ブランドを拡張する	196	ボーモルのコスト病（Baumol's cost disease）	224
付加価値サービスの提供	42	ブランド・ロイヤルティ	111		
普及理論	112	プル	72	放映権の販売	220
物財（physical goods）	100	プル戦略（pull strategy）	139	報酬	122
プッシュ戦略（push strategy）	139	プレミアム（premium）	74	訪問販売	43
		プロダクト・アイデア	10	ポジショニング（Positioning）	22, 25, 63
物的証拠（physical evidence）	106	プロダクト・トライアル（Product Trial）	229	ポジショニング戦略	196
物的流通	15	プロダクトプレイスメント	131	ポジティブなクチコミ意図（positive-WOM intention）	162
物流	42	プロダクト（ブランド）・マネジメント	15		
不当景品類及び不当表示防止法（景品表示法）	72				
プライス・リーダー	39	プロダクト（ブランド）・マネジャー制	15	保証機能	110
プライバシー・パラドックス（privacy paradox）	146			ボランタリー・シンプリシティ（voluntary simplicity）	210
		プロトタイプの開発	39		
プライバシーへの不安（privacy concerns）	146	プロパガンダ	59		
		文化	156, 199	保留集合	154
ブランデッドエンタテインメント	188	文化の同質性と異質性	198		
		文脈	17		
ブランド	109	ペイドメディア（paid media）	130, 174		
ブランドアプリ（brand apps）	145				
		ヘッドコピー	65		
ブランド・イメージ	13, 114	ヘビーユーザー	13		
ブランド・エクイティ	111				

ま行

マーケット・イン（market in） 52
マーケット・シェア（市場占有率） 12
マーケット・セグメンテーション（市場細分化）戦略 12
マーケティング概念の拡張（Broadening the Concept of Marketing） 213
マーケティング・コミュニケーション 173
マーケティング・コンセプト 14
マーケティング資源 12
マーケティング・パート 173
マーケティング・マイオピア（myopia） 34
マーケティング・マネジメント（管理） 11
マーケティング・マネジャー（管理者） 12
マーケティング・ミックス 27, 30
マーケティング・ミックス（marketing mix）戦略 12
マーケティング・リサーチ 15
マクロ 11
マス広告 61
マニュファクチュアラーズ・クーポン（manufacture coupon） 73
マネジリアル・マーケティング（managerial marketing） 16
マルチチャネル（multi-channel） 125
マルチチャネルとオムニチャネルの発展 125
マルチブランド 37
マルチローカルな戦略 196
満足化原理 151
ミクロ 11
無形性（intangibility） 105, 217
メーカー・クーポン 73
メール広告 175
メールマガジン 180
名誉に浴する効果（Basking in Reflected Glory） 218
メッセージ化 10
メディア企業 9
メディアバイイング 66
メディアビークル 66
メディアプランニング 66
モノ 100
モバイル広告 135
モバイルの特性を活かしたマーケティングへ 180

さくいん 241

や 行

山場広告	133
ユーザビリティ	173
有効性評価	209
輸出（間接・直接）	197
ゆりかごからゆりかごへ（cradle-to-cradle）	210

ら 行

ライセンシング	197
ライセンスグッズの契約販売	220
ライン拡張	37
ライン（オペレーション）活動	15
ラガード	113
ラストマイル	57
ランディングページ	176
リーチ	67
リードタイム	55
利益	12
利己性	206
リスティング広告	176
利他性	206
リバース・ロジスティクス	58
リベート（rebate）	140
リベート制	48
リポジショニング	114
流通機能	119
流通業者	45
流通業者向けプロモーション（retail promotion）	69, 139
リレーションシップ・マーケティング（relationship marketing）	17, 143
レイトマジョリティ	112
レスポンシブ対応	173
レバレッジング	229
レプリカ・ユニフォーム	225
ローカル・ブランド	196
ロイヤルティ（loyalty）	162, 225
ロゴ	220
ロジスティクス	50
ロジスティクスと地球環境問題	58
ロス・リーダー（loss leader）	73
ロングセラーブランド	114

わ 行

割り戻し 48
ワン・トゥ・ワン・マーケティング 23
ワンボイス 136

●本書の関連データがWebサイトからダウンロードできます。
https://www.jikkyo.co.jp/download/ で
「現代マーケティング論 第2版」を検索してください。
提供データ：グループワークのための研究課題 解答例

■編著

武井　寿（たけい ひさし）	早稲田大学商学学術院　教授 （第1章）	スタニスロスキー・スミレ	東京国際大学国際戦略研究所　准教授 （第20章）
小泉秀昭（こいずみひであき）	立命館大学産業社会学部　教授 （第6章，第13章）	高畑　泰（たかはた ゆたか）	神奈川大学経済学部　講師 （第17章）
広瀬盛一（ひろせ もりかず）	東京富士大学経営学部　教授 （第7章，第14章）	武谷慧悟（たけたに けいご）	駒澤大学経営学部　専任講師 （第10章，第16章）
八ッ橋治郎（やつはし じろう）	神奈川大学経済学部　准教授 （第5章）	朴　正洙（ぱく じょんすう）	駒澤大学グローバル・メディア・スタディーズ学部　准教授 （第19章）
畠山仁友（はたけやま よしとも）	立正大学経営学部　専任講師 （第2章，第3章，第11章）	畢　滔滔（ぴー とうとう）	立正大学経営学部　教授 （第4章，第12章）

■執筆

		吉見憲二（よしみ けんじ）	佛教大学社会学部　講師 （第18章）
秋本昌士（あきもと まさし）	愛知学院大学商学部　教授 （第8章，第15章）	涌田龍治（わくた りゅうじ）	京都産業大学経営学部　教授 （第21章，第22章）
佐藤志乃（さとう しの）	関東学院大学経営学部　准教授 （第9章）		

●表紙デザイン——エッジデザインオフィス

専門基礎ライブラリー

現代マーケティング論　第2版

2018年4月10日　初版第1刷発行
2021年2月28日　初版第3刷発行

●執筆者　武井　寿　ほか13名（別記）
●発行者　小田良次
●印刷所　大日本法令印刷株式会社

●発行所　実教出版株式会社
〒102-8377
東京都千代田区五番町5番地
電話［営　　業］（03）3238-7765
　　［企画開発］（03）3238-7751
　　［総　　務］（03）3238-7700
https://www.jikkyo.co.jp/

無断複写・転載を禁ず

©H. Takei 2018

ISBN 978-4-407-34623-7　C3034　　　　　　　　　　　　Printed in Japan